AF355707

LETTRE

SUR

LE PACTE SOCIAL.

LETTRE

SUR

LE PACTE SOCIAL;

Par François DE MARRENX.

> Les droits du sang ne peuvent être détruits par aucune loi civile.
>
> *DIGESTE*, *des Règles du Droit ancien, Loi 8.*

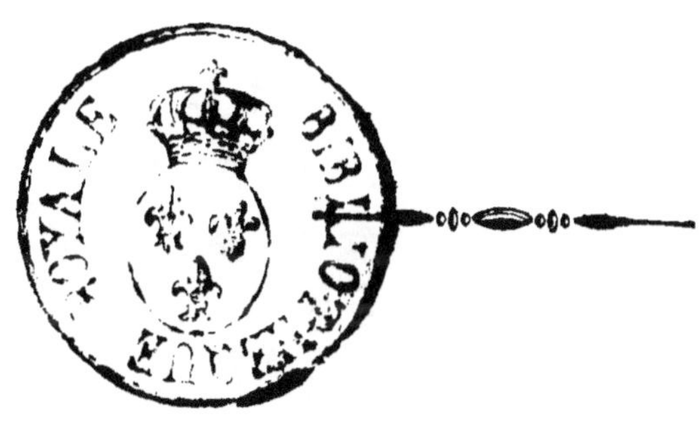

A TOULOUSE,

De l'Imprimerie de Jean-Matthieu Douladoure, rue St.-Rome.

JUILLET 1815.

LETTRE
SUR LE PACTE SOCIAL.

FRANÇOIS DE MARRENX,

A ceux des Français qui voudront lui faire la grâce de lire et juger ses observations, salut et reconnaissance :

Mes chers et bien-aimés co-sujets,

Dans un voyage que je fis à Milan, en 1796, pour tâcher d'y vendre un manuscrit, dont les circonstances ne me permirent pas de me défaire aux conditions que je désirais, j'eus occasion d'y voir une personne digne de toute ma vénération. Après avoir lu ce manuscrit, elle m'entretint d'un livre nouveau, dont alors on parlait beaucoup dans toute l'Italie, et qu'un auteur sicilien, nommé *il signor Nicolao Spédaliéri*, ancien professeur de théologie à Rome, avait fait imprimer *avec licence des*

A

supérieurs, disait-il, à Assise, sous ce titre : *Dei diritti del nomo libri sei.* Elle me proposa d'en entreprendre la réfutation, et pour mieux m'y déterminer, elle m'observa que ce livre ayant un grand rapport avec les matières traitées dans mon manuscrit, cette réfutation pourrait lui servir de suite et ajouter à son intérêt. Elle me procura même un exemplaire de cet ouvrage, qui jusque-là m'était resté totalement inconnu.

Je l'examinai donc, et je trouvai qu'en effet ses deux premiers livres méritaient, à tous égards, une exacte réfutation. C'est pourquoi je résolus d'y employer mes loisirs, et je composai, durant le reste de cette même année, un nouvel ouvrage, que mes infortunes ne m'ont jamais permis de publier.

Ne pouvant, même encore en ce moment, le donner en entier au public, je vais en extraire des fragmens, que je soumets à l'examen et au jugement de tous ceux des Français qui voudront me faire la grâce de le lire, dans des circonstances qui naturellement ne devraient pas lui être défavorables. Heureux, s'il ne leur déplaît pas ! Plus heureux encore, s'il leur paraît susceptible de donner nais-

sance à des réflexions utiles et salutaires !
Daignez donc, ô mes Concitoyens, m'accorder
quelques instans d'audience. Je ne me propose
d'y plaider devant vous que la cause de la
justice et de la vérité, sur des objets du plus
grand intérêt pour chacun de nous.

Il est vrai que ce que je vous présente n'est
pas nouvellement fait. Mais qu'importe la date
d'un écrit, lorsqu'il contient la vérité ? Elle
est éternelle dans sa nature ; elle ne saurait
vieillir ; elle est elle-même dans tous les temps
et partout : nulle part, à nulle époque, elle
ne doit rien perdre de ses droits sur nos esprits. Examinez donc avec soin, je vous en
conjure, si elle se rencontre dans mes assertions, et ne les rejetez qu'après vous être
convenablement assurés qu'elles sont réellement fausses.

Je commence mon extrait de l'ouvrage dont
je vous ai parlé, par son dernier article sur le
chap. XIV du liv. I.er de l'auteur réfuté. Mais
je dois en même temps vous avertir que cet
auteur ayant écrit en italien, j'ai traduit mot
à mot chacune des assertions de lui, que j'ai
voulu combattre, et il vous sera d'autant plus
aisé de les distinguer des miennes, qu'elles

seront toujours imprimées en caractères itali-
ques, et seront seules imprimées avec cette
espèce de caractères. Je vous observe encore
que tous les chapitres de l'auteur réfuté sont
divisés en §§, et que fréquemment j'ai compris
plusieurs de ses §§ sous un même n.° de ma
réfutation.

*Fin de l'examen du Chap. XIV du
Liv. Ier des droits de l'homme.*

MAINTENANT donc que l'examen de ce
chapitre est terminé, de combien d'erreurs
M. Spédaliéri ne s'y fût-il pas préservé,
quelles inutilités n'y aurait-il pas évitées,
quelles importantes et lumineuses vérités n'y
eût-il pas pu enseigner, s'il eût connu, s'il
eût auparavant su expliquer le vrai mécanisme,
le véritable esprit du contrat social ! Les stipulations de ce pacte sont l'ame du seul vrai
système du droit politique : sans elles et con-
tr'elles, tout est injustice, ou fausseté, ou
intolérable usurpation.

Elles unissent à jamais ce qui était précédemment séparé, soumettent ce qui était précédemment indépendant, fixent et assurent

les droits et la personne de chaque individu , arrachent les lois naturelles de l'es-
clavage où les tenait l'interprétation arbitraire
des caprices et des passions individuelles ,
brisent les liens dont les forts enchaînaient les
faibles du pur état de nature, fournissent aux
faibles plus de chances favorables à leurs intérêts personnels que cet unique juge du pur
état de nature qu'on appelle la loi du plus
fort, procurent aux forts de justes moyens
d'échapper eux-mêmes aux inconvéniens sans
nombre de l'exercice de cette aveugle et déraisonnable loi , leur procurant aussi ceux de
ne pas être exposés à devenir enfin les odieuses
et coupables victimes de la loi du plus fin et
du plus rusé (*), ou de celle du talion ; en
un mot, elles règlent invariablement la légitimité ou l'illégitimité des prétentions que des
hommes élèvent sur d'autres hommes. Elles
donnent ou confirment à chacun ses seuls
légitimes droits, ses seuls vrais devoirs ou

(*) Dans le pur état de nature, ces deux lois sont
aussi légitimes et respectables que celle du plus fort.
Elles sont le juste contre-poids que la nature fournit
elle-même contre ceux qui , abusant de la loi du plus
fort, veulent la rendre l'unique règle, ou l'unique mesure du droit.

obligations ; car tout ce qu'un contrat social accorde et conserve à un individu de l'état civil, tous les autres membres du même corps social doivent le lui laisser et l'en faire jouir, ou bien, au même instant, ils deviennent injustes et criminels envers lui ; parce que personne n'est tenu des devoirs que ce pacte n'impose pas expressément. Tout ce qu'il n'accorde pas à qui le prétend et l'exige, personne ne le doit, et chacun est en droit, non-seulement de le refuser à l'injuste prétendant, mais aussi de lui faire subir la peine de son inique prétention, sur-tout quand il a la scélérate audace d'exiger par la force ce que le pacte social, c'est à-dire, le corps de toutes les lois fondamentales de l'État, ne l'autorise aucunement à prétendre et exiger.

Dans le contrat social donc (et je le répète, il n'est autre chose que le corps de toutes les lois fondamentales et vraiment constitutives de chaque société civile), chacun des associés a, en son particulier, aliéné à une personne certaine et convenue entre tous pour être leur supérieur commun, ou leur souverain, les deux droits primitifs de l'homme, sans l'aliénation desquels il serait impossible de former une sociéte civile ; mais chacun n'y a fait cette aliénation individuelle que sous des conditions respectives , mutuelles et réciproques , promises , acceptées et jurées de part et d'autre , selon des stipulations positives , dont se forme le corps de ce contrat synallagmatique.

Il oblige alternativement chaque membre de la société envers tous les autres, tant ensemble que séparément , et tous les autres (encore séparément et ensemble), envers chacun ; de façon que nul ne peut être affranchi des obligations qu'il a contractées dans ce pacte , que (sans nulle exception) par tous les individus envers lesquels il les y a contractées.

Chacun y contracte successivement avec chacun de tous les autres , un à un ; cela fait qu'en lui-même , et abstraction faite de la multitude des contractans , le contrat social est aussi simple en nature, que s'il n'était passé qu'entre deux seuls individus , parce que les obligations que chacun s'y impose ne sont qu'une même stipulation répétée par lui-même, autant de fois moins une , qu'il entre d'individus dans la société (*).

(*) Pour mieux expliquer cela, je suppose que nous

Chacun s'y oblige de plus, envers le supérieur commun à tous, aux mêmes choses auxquelles chacun de tous les autres s'est

---

soyons quarante qui voulons sortir du pur état de nature, afin de nous placer en société civile.

Je m'oblige envers Jean à me soumettre à un supérieur commun entre lui et moi, ainsi qu'à ne plus me prévaloir contre lui de mon ancien droit de juger par moi-même toutes mes prétentions et tous mes démêlés avec lui, sous les conditions que, etc., etc. Je contracte ensuite la même obligation avec Pierre, puis avec Jacques, puis avec André, puis avec Guillaume, et ainsi successivement jusqu'au quarantième.

Chacun d'eux accepte mes obligations et m'en promet les conditions dont je les fais dépendre.

Me voilà donc lié vis-à-vis de tous les trente-neuf à mêmes choses et sous mêmes conditions.

A leur tour, chacun d'eux s'oblige aux mêmes choses et sous mêmes conditions envers moi, qui accepte la réciprocité de leurs engagemens, et en promets aussi les conditions à chacun.

Donc ils me sont tous obligés un à un par ce contrat, et je suis réciproquement obligé envers tous les trente-neuf, comme envers chacun d'eux. Donc si je ne puis cesser d'être tenu de l'exécution de notre contrat envers chacun, que quand il m'en aura volontairement et librement affranchi et délié, ils ne doivent être tous dispensés de leurs obligations envers moi, que quand il m'aura plu de les en affranchir moi-même, et de les délier tous des engagemens que chacun d'eux avait contractés envers moi.

Ce n'est qu'en suivant cette méthode d'explication

obligé envers ce même supérieur ; et celui-ci s'oblige aussi à son tour, envers chacun de ses sujets, aux conditions qu'il leur accorde.

---

qu'on peut suffisamment et convenablement analyser les vrais élémens du pacte social, pour se faire une idée exacte et juste de sa vraie nature, d'autant mieux qu'il est impossible qu'il y ait quelqu'autre partie contractante que les simples individus qui veulent s'associer.

Les corporations d'individus ne peuvent, en effet, recevoir leur unité d'être, leur moi commun, leur vie politique, que d'un vrai contrat social entre tous les individus dont elles seraient composées.

Ainsi, nulle corporation d'hommes ne peut contracter comme corps, comme personne collective ou idéalement composée, qu'ultérieurement à un premier pacte entre individus.

Je ne fais au surplus cette note, que parce que j'ai rencontré dans le monde un assez grand nombre de personnes douées, ou d'une trop courte vue, ou de trop de mauvaise foi, pour vouloir comprendre qu'un même contrat entre une grande multitude d'individus ne saurait jamais être que les mêmes engagemens, ou les mêmes obligations contractées tour à tour, ou successivement par chacun d'eux avec chacun de tous les antres individus, et que c'est uniquement cette identité d'engagemens et d'obligations respectivement contractés par tous, l'un après l'autre, qui constitue la liaison et l'unité de corps entre toutes les parties contractantes.

Je désire que cette explication leur paraisse suffisante ; mais je dois leur observer que ce n'est jamais à

Par conséquent chaque sujet y contracte deux espèces d'obligations ; savoir , celles envers le souverain , et celles envers chacun de tous les autres sujets du même prince.

C'est ainsi que le contrat social lie en un seul et même corps de société civile une multitude d'individus , qui auparavant étant séparés d'intérêts , de droits et de devoirs , ne pouvaient former que des réunions fortuites , éphémères et bâtardes.

C'est ainsi qu'il assujettit, pour leur propre avantage , à une légitime autorité humaine , des hommes qui auparavant étaient indépendans de tout autre homme , de toute agréga-

---

ce que nous avons nous-mêmes dans la tête que nous devons regarder lorsque les autres nous parlent, mais uniquement à ce que ces derniers nous disent avoir en vue. Ainsi, je conjure les personnes qui croiraient devoir me faire des objections , d'examiner à fond la consistance des idées que je leur présente , et de ne faire nulle attention à ce qui n'est point elles , et n'a point de rapport d'identité avec ce qu'elles sont en elles-mêmes.

S'ils ne me comprennent point, je les supplie de ne m'accuser que d'obscurité, et de ne pas savoir m'exprimer d'une façon assez lumineuse ; car, quelles objections raisonnables serait-il possible d'opposer à des idées que l'on n'a pu saisir ni comprendre ?

tion d'hommes , et n'avaient ici-bas d'autre
supérieur , d'autre légitime juge de leur conduite , de leurs propres faits , et de leurs prétentions respectives et personnelles que chacun
soi-même ; c'est-à-dire , que chacun ses propres caprices , son imprudence , ses propres
passions et sa propre force.

C'est enfin ainsi qu'il introduit de nouvelles
relations , de nouveaux rapports jusque-là
inconnus parmi les hommes ; ceux de corps
social à corps social , de souverain à sujet ,
de sujet à souverain , de co-sujet à co-sujet ,
de la personne physique de chacun à la personne composée ou de tous les autres ou de
portion de tous les autres , d'être collectif à
être collectif , de vraie patrie à vrai patriote ,
de fidèle sujet à factieux , de bon citoyen à
rebelle , etc. , etc.

Or , dans chacune de ces relations , chaque
homme a des règles à suivre , afin de s'acquitter exactement des devoirs positifs que
ces rapports lui imposent , et elles sont l'objet
de la législation humaine. Qu'on ne se flatte
donc pas de pouvoir connaître les droits et
les devoirs du souverain envers ses sujets ,
et des sujets envers lui , sans examiner , sous

chacune de ces relations positives nouvellement introduites parmi les hommes, les stipulations du vrai contrat social qui les établit
dans leur propre société civile. Celui de chaque peuple ou nation est pour elle l'unique
source, l'unique fondement, l'unique base de
son droit politique et de son droit civil. En
chaque État, tout système de droit politique
opposé et contraire en principes aux vraies
stipulations de son propre contrat social,
c'est-à-dire, de ses propres lois fondamentales et constitutives, est toujours faux, par
rapport à cet État. Il doit en être repoussé
comme tel, quelque vrai qu'il pût être ailleurs. Une maxime et un principe peuvent,
en effet, être de droit chez un peuple, et ne
point faire, ni ne donner droit à rien chez un
autre.

SUR LE CHAPITRE XV.

Élection ou choix de la forme de Gouvernement.

***

I.

§. Ier **S**I demander quelle est la forme d'un arbre c'est s'enquérir en quoi il diffère d'un rocher, on peut accorder à M. Spédaliéri que *la demande quelle forme a un gouvernement est la même que de demander en quoi un gouvernement diffère d'un autre.* Mais on ne saurait lui passer la synonymie, ou l'identité de ces deux questions, si la première a pour objet de savoir quelle est, au total, la figure extérieure et visible, ou, si l'on peut parler ainsi, la vraie physionomie particulière d'une société civile ; car, ainsi que les êtres physiques et réels, les êtres intellectuels et idéalement composés ont aussi leur figure et leur physionomie propres, caractéristiques et distinctives : autrement, il serait impossible que l'esprit les discernât les unes des autres, et pût donner à chacun son propre nom. Chaque société civile a donc sa propre figure ou forme spécifique, qu'on appelle forme de gouvernement.

Quant à ce que dit notre auteur, *le gouvernement ensuite n'est autre chose que l'exercice de la souveraineté*, pouvait-il ignorer que ce mot *gouvernement* se prend en différens sens ; que tantôt il est le signe d'une certaine idée, tantôt celui d'une autre idée toute différente ; en un mot, que dans chacune de ses diverses acceptions, on ne doit pas entendre par ce même mot, exactement la même chose qu'il fait entendre dans chacune de ses autres différentes acceptions ? — Non, puisqu'il l'emploie lui-même en sens variables, même avec toute la mauvaise foi de ce qu'on appelle, je ne sais pourquoi, *LES SUBTILITÉS DE L'ÉCOLE* ; comme s'il y avait vraiment finesse d'esprit et délicatesse de jugement à abuser des mots et du langage, pour ne désigner différentes choses par un même signe, qu'afin de dire de l'une ce qui est faux d'elle, et ne saurait être vrai que d'une autre chose différente. Eh ! que de prétendus beaux esprits se sont rendus, sur-tout dans ce siècle-ci, tout-à-fait indignes de confiance et d'estime par un tel batelage, par un semblable abus de raison et de mots !

La preuve, d'ailleurs, que M. Spédaliéri est ici dans le cas de ce reproche, c'est qu'après avoir dit, *le gouvernement n'est pas autre chose que l'exercice de la souveraineté*, il ajoute, *de là résultent autant de formes de gouvernement qu'il a de modes divers d'ordonner l'exercice de la souveraineté* ; ce qui signifiant qu'il y a autant de formes de gouvernement que de différentes espèces de souverain, suppose que, dans cette seconde phrase, le mot *gouvernement* désigne une autre chose que l'exercice de la souveraineté. Notre auteur pourrait même si peu nier le sens que je donne à sa dernière proposition, qu'il dit immédiatement après, que la souveraineté peut se conférer à un homme seul. Donc, *par modes divers d'ordonner la souveraineté*, il entendait lui-même, et voulait que les autres entendissent, les diverses espèces de souverain qu'il est possible d'établir.

2.

§§. II, III, IV et V. M. Spédaliéri professe la vérité lorsqu'il dit que la souveraineté peut être conférée à un homme seul , qui prend le nom de monarque, et qu'alors la forme du gouvernement est monarchique.

Il ne dit encore que la pure vérité , lorsqu'il dit que la souveraineté peut se confier à un *collége, ou soit à plusieurs individus, lesquels composent corps* ou personne morale ou imaginaire et collective ; mais lorsqu'il ajoute, *celle-ci est forme de république* , il se range alors à l'erreur du vulgaire, qui a gauchement restreint à une partie des différentes espèces de gouvernement une dénomination générique , qui, dans son principe , appartenait, et qui, dans sa composition littérale , ou grammaticale , ou logique , appartient sans exception à toutes les formes imaginables de société civile ; et en effet, dans la plus stricte vérité des choses , la monarchie est tout autant une *république* , c'est-à-dire une chose publique, que l'*aristocratie* , la *démocratie* , etc., etc.

Lorsqu'il ajoute encore , *la forme de république se distingue en aristocratie et en démocratie, la première desquelles dénote un collége de meilleurs* (di ottimati), *c'est-à-dire de nobles , et la seconde un collége de personnes choisies parmi les classes populaires* , il tombe

alors dans le faux. Il fournit en même temps
la preuve qu'il ignore la vraie nature des
choses dont il se permet de mal parler en cet
endroit ; car ce qu'il serait permis de dire de
plus favorable pour sa défense, est qu'il n'a
désigné là que deux différentes espèces d'a-
ristocraties, dont il a, très hors de propos,
appelé l'une *démocratie*.

Il existe, en effet, et aristocratie héréditaire
et aristocratie élective ; car le caractère essentiellement distinctif de l'aristocratie n'est
point du tout que la souveraineté y réside
dans un collége de nobles, puisqu'il est possible que du pur état de nature on passe immédiatement dans l'aristocratie, et qu'au sortir
de l'état de nature tous les hommes sont également nobles, ou pour mieux dire, il n'existe
point alors de nobles. Donc l'unique caractère
essentiel de l'aristocratie est que la souveraineté y appartienne en commun à plusieurs
individus réunis et assemblés en un seul et
même corps de personne collective, mais en
un moindre nombre que celui qui exprimerait
la moitié des chefs des familles particulières
de tout le corps social.

Si les membres de ce corps souverain ne

peuvent y être remplacés à leur mort que par leurs propres enfans, et que l'entrée dans ce même corps soit interdite au reste des familles de la société, lesquelles n'y furent pas dès le principe admises, l'aristocratie est pour lors héréditaire ; mais comme c'est de cette hérédité seulement, que naissent et le patriciat et la noblesse dans l'aristocratie, ce n'est qu'accidentellement et par laps de temps que la souveraineté y réside dans un collége de nobles : ainsi M. Spédaliéri avait pris l'accessoire et l'effet accidentel pour le principal et la cause essentielle.

Lorsque les membres du *collége* souverain sont choisis *parmi les classes populaires*, c'est-à-dire, indifféremment et sans distinction de privilége exclusif, parmi tous les citoyens ou individus de tout le corps social, l'aristocratie est élective ; mais c'est si peu le cas de dire qu'alors le gouvernement est démocratique, que, dans la démocratie, il n'y a ni choix ni élection à faire pour le collége souverain : tout citoyen en est membre né, puisque dans cette forme de gouvernement, où chacun est sous la dépendance, dans la sujétion de tous les autres ensemble, la sou-

veraineté ne réside et ne saurait résider que
dans l'assemblée générale de tous les citoyens,
sans exception d'aucun. Il y a mieux, on n'y
saurait former une assemblée de plusieurs citoyens en moindre nombre que celui de tous,
pour attribuer à l'être collectif de ce collége,
ou assemblée partielle, soit la souveraineté
entière, soit portion de la souveraineté, sans
dénaturer en même temps le gouvernement,
sans le faire cesser d'être démocratique, sans
le rendre au même instant, ou une vraie aristocratie, ou pour le moins, un gouvernement
mixte. Or nul gouvernement mixte, quelque
éloigné qu'il soit de l'aristocratie, et quelque
rapproché qu'on le suppose de la démocratie,
n'est une démocratie proprement dite : il ne
mérite que le nom d'aristo-démocratie. La
souveraineté de tous, continuellement exercée
par tous en commun et sans exception d'aucun, voilà la seule vraie démocratie; et elle
est le plus absurde des gouvernemens, parce
que si elle était bonne pour des hommes,
ils n'auraient aucun besoin de la société
civile (*).

(*) On peut, sans craindre de se tromper, partir

Pour avoir un gouvernement mixte , il ne faut en aucune manière diviser la souveraineté ; et si M. Spédaliéri dit le contraire, c'est l'effet de son peu d'habitude à regarder à ce que les choses sont par leur seule et propre nature. Peut-être lui paraît-il plus commode, moins pénible et plus aisé de mal copier les autres, que d'écarter les opinions de ses maîtres d'école, pour ne s'occuper que de l'examen du vrai type de ces opinions. Cependant ce n'est jamais que ce type seul , qui ne présente que la vérité toute pure.

Diviser donc la souveraineté entre plusieurs individus ou plusieurs colléges, de façon que, comme dit M. Spédaliéri, chacun en exerce séparément une portion, c'est tuer la société, ou la mettre en perpétuel état de déchirement et de dissentions intestines , et nullement établir un gouvernement mixte. Celui-ci ne se forme qu'en composant son souverain de plusieurs élémens , qui , sans rompre l'unité naturelle et indivisible de l'essence de la sou-

de ce principe , pour affirmer que les formes de gouvernement sont bonnes ou mauvaises en proportion de ce qu'elles s'éloignent ou se rapprochent de la forme démocratique.

veraineté , puissent par leur union et concert former une seule personne morale ou factice et imaginaire.

Dans cette forme de gouvernement, aucun des élémens constitutifs de cette personne composée n'est à lui tout seul et séparément le souverain. Je m'explique : supposons, par exemple, une aristo-démocratie. Elle se forme de deux corporations ; l'une, appelée sénat, serait à elle seule le souverain, si le gouvernement était entièrement aristocratique ; l'autre, que les anciens Romains appelaient *plebs*, le corps des plébéiens, serait le souverain si le gouvernement était une pure démocratie. Mais comme il n'est ni l'une ni l'autre de ces deux formes simples, aucune de ces deux corporations n'en est à elle seule le vrai souverain ; elles ne le sont qu'ensemble et quand elles ne font qu'un , parce qu'il n'est formé que de l'union des deux. C'est pourquoi le sénatus-consulte et le plébiscite ne furent jamais, ni l'un ni l'autre, des actes de souveraineté chez les Romains.

On voit donc assez clairement par cet exemple, qu'un gouvernement mixte ne se forme qu'en combinant, ou deux à deux, ou toutes trois ensemble, ces différentes espèces de personnes du souverain dans chacune des trois formes simples, pour en composer, au moyen de leur réunion en un, une nouvelle espèce de personne factice ou morale, laquelle sera le souverain d'une nouvelle forme de gouvernement. Mais cette nouvelle forme ne sera ni vraiment la monarchique, ni vraiment l'aristocratique, ni vraiment la démocratique; elle ne sera qu'un mixte participant plus ou moins de chacune de celles de ces formes simples qui entrent dans la composition de son souverain surcomposé.

Supposant maintenant que la distinction entre personne physique, ou réelle, et personne morale, ou factice, est suffisamment entendue, je dis que par le mot *peuple*, envisagé comme être collectif ayant des droits, ou faisant des actes quelconques, on ne doit entendre qu'une personne morale de la composition de notre esprit. Je dis aussi que si le peuple n'est point regardé comme personne morale, il n'est rien, n'a rien, ne peut rien, et rien ne lui est dû. Cela étant, je nie à M. Spédaliéri que ce soit un principe général ou universel de dire, *la souveraineté peut être toute conférée par la personne morale du peuple, et celui-ci peut en retenir une portion pour soi;* car la souveraineté ne saurait appartenir de droit naturel à cette personne morale, puisque de droit naturel elle n'appartient à nul homme, ni à nulle corporation d'hommes. Or, comme on ne peut ni transférer ni retenir ce qu'on n'a point, ce qu'on n'a jamais eu, pour que la personne morale du peuple pût transférer la souveraineté ou en retenir une portion, il faudrait qu'antérieurement à cela cette personne morale l'eût reçue de quelqu'un. Il suit de là que partout où elle ne l'a jamais reçue de personne, il est faux que le corps du peuple ou sa personne morale puisse la transférer ou la retenir à son choix, soit en totalité, soit en partie.

Par conséquent, partout où nul individu n'aliéna jamais son indépendance primitive et son droit de se faire par soi-même justice des autres à la personne morale du peuple, il est faux et criminel de dire que là *le peuple peut se réserver la faculté de faire et de renouveler des lois fondamentales, celle d'imposer de nouveaux tributs, et le choix de certains magistrats.*

La faculté de faire des lois fondamentales n'appartint jamais nulle part à la personne morale du peuple, parce que cette personne morale est la créature de ces lois fondamentales, et qu'on ne fait pas soi-même son propre créateur.

Renouveler ces lois fondamentales est une expression équivoque et insignifiante. On ne renouvelle pas ce qui reste tel qu'il a été fait au commencement ; et, en conservant les lois fondamentales qui ont fait un peuple et qui le font être ce qu'il est, la personne morale de ce peuple n'agit point alors ni n'exerce aucune faculté. Elle ne fait point une chose qu'il lui est impossible de faire ; mais si par *renouveler* on entend là changer les lois fondamentales d'un ancien peuple, c'est alors si peu la personne morale de cet ancien peuple qui fait ce changement, qu'elle en est tuée, pour être remplacée par une nouvelle personne morale que ces nouvelles lois créeront. Leurs auteurs peuvent en effet être les élémens de l'ancien peuple, sans être, en opérant ce changement, ni l'ancienne ni la nouvelle personne morale de leurs peuples. L'ancienne personne morale n'existait que dans

ces

ces anciennes lois fondamentales que l'on anéantit par ce changement, et que par elles seules. La nouvelle n'existera qu'après et d'après celles qui leur seront substituées.

La faculté, ou plutôt le droit d'imposer des tributs et de choisir les magistrats, ne saurait appartenir à la personne morale du peuple, que lorsque celle-ci est le seul légitime souverain que ses individus se sont réellement donné par leur vrai contrat social. Mais chez toute nation, dans le contrat social de laquelle nul de ses individus n'a nommément aliéné son indépendance primitive à l'être collectif de tous ses associés, ni ne s'est mis sous la puissance et sous la dépendance de cet être collectif, la personne morale du peuple n'y a nulle espèce d'autorité légitime sur qui que ce soit, et personne n'y est tenu de se soumettre aux volontés du peuple, ni d'exécuter ses ordres. Tout ce que cette personne morale s'y permet (ou les factieux sous son nom), est illégal, tyrannique, nul de plein droit et intolérable.

Du reste, les gens qui *réputent sage la politique de tenir toujours divisées les trois principales facultés, la législative, la judiciaire et l'exécutive*, n'ont fait que céder, sans examen et par futile inconsidération, à de très-faux préjugés d'esprit de parti, d'orgueil et de faction. J'ai même prouvé, dans mes lettres sur l'ouvrage de M. d'A...., 1.º qu'il était faux que ces trois pouvoirs fussent divisés et séparés dans l'espèce de constitution politique où l'on prétend qu'ils le sont ; 2.º que la souveraineté ne se compose que de deux puissances parallèles, *la législative* et *l'exécutive*, puisque, loin d'être parallèle à la puissance législative, le pouvoir judiciaire n'est au contraire qu'une simple subdivision de la puissance exécutive. Le respect pour les grands hommes ne doit pas s'étendre jusqu'à la stupidité de copier et d'adopter leurs erreurs : la vérité seule a des droits sur nos esprits et notre croyance. Voilà mon excuse contre ces gens, dont la mémoire compose tout l'esprit et tout le jugement, qui me feraient un crime de ce que je rejette, comme erronée, la tripartition de la souveraineté en puissance législative, en puissance judiciaire et en puissance exécutive.

Quelques autres divisions et subdivisions, lesquelles ne sont au fond autre chose qu'au-

tant de modes divers de mettre à effet le contrat social, que l'on puisse se figurer en idée, je ne saurais concevoir qu'*il paraisse par là quelle chose on doit entendre par constitution nationale*. Mais si M. Spédaliéri l'a conçu, comment s'est-il refusé le plaisir de nous le montrer ?.... Singulier moyen vraiment de définir les êtres, sur-tout les êtres incorporels, que de dire : *On voit quelle chose on doit entendre* par les noms qu'on leur donne !

Pour moi, j'avoue de bonne foi mon ignorance et mon ineptie. En aucun cas, en rien et pour rien, je ne sais voir entre les choses et leurs noms, ni connexion, ni rapport, qui puisse me faire tirer la vraie connaissance de la chose, du simple son articulé du nom que mon oreille entend. Quelque mot que l'on prononce devant moi, mon esprit n'y sait voir qu'un vain son, lorsqu'il n'a pas appris d'ailleurs, que ce mot est le signe arbitraire dont on est convenu de se servir pour désigner telle ou telle chose, laquelle pouvait, sans rien perdre de son propre être, tellement porter un autre nom, que les mêmes choses ont, dans les divers langages, des noms

différens, et qui le plus souvent ne se res-
semblent en rien d'une langue à l'autre.

Je vois d'ailleurs que, dans chaque langue,
les mêmes mots désignent souvent plusieurs
choses différentes ; et comment cela serait-il,
si les noms n'étaient pas de simples signes
arbitraires sans rapport naturel ni nécessaire
avec les choses ?

Il ne suffit donc pas d'entendre prononcer
un nom pour apercevoir quelle chose on doit
entendre, sur-tout lorsque dans l'usage ordinaire, ce même mot se prend en plusieurs
différentes acceptions. Il faut de plus qu'on
nous ait fait connaître à quelle chose on le
donne actuellement. D'après cela, M. Spédaliéri n'eût pas dû se dispenser de définir ce
qu'est au vrai ce qu'on appelle *constitution
nationale*, d'autant mieux que la plupart des
disputes proviennent de cette unique cause,
que, dans l'esprit de celui qui parle, les mots
qu'il emploie désignent des idées différentes
de celles qu'ils réveillent dans l'esprit des
auditeurs.

Sans nul doute, le devoir de ceux-ci est
de ne penser alors qu'aux seules choses dont
celui qui parle veut réellement les entretenir ;

c'est pourquoi c'est encore aussi leur devoir de se bien assurer, avant de contester ce qu'il dit, qu'ils attachent à chacune de ses expressions exactement la même idée que lui. Mais si celui qui parle se refuse à leur décrire exactement sa propre idée, ainsi qu'à leur donner l'unique sens de ses expressions, comment pourraient-ils alors s'acquitter de ce double devoir ?

Si celui qui parle a défini ses mots, et qu'il ait ôté à ses auditeurs tout prétexte de les entendre en un sens différent du sien, ce sera ensuite mauvaise foi et indigne chicane de la part de ceux-ci, si, dans les réponses contradictoires qu'ils lui font, ils prêtent à ses mots une autre signification que l'unique sens dans lequel il les a avertis qu'il les avait employés. Pour lors, tout le tort, même tout l'odieux de la dispute, sera de leur côté. Le devoir de tout homme, ou qui parle, ou qui écrit, est donc de bien définir chacune des expressions dont il s'aperçoit que les autres les entendent différemment de lui, tandis que le devoir de ses auditeurs, ou de ses lecteurs, est de ne supposer à ses expressions qu'exacte-ment les mêmes idées qu'il y attache lui-même,

Ainsi, pour me conformer moi-même à ce devoir, je déclare que par la constitution politique d'un peuple, je n'entends que l'ensemble de toutes les lois fondamentales de l'association civile de ses individus ; c'est-à-dire, que l'ensemble de toutes les clauses et stipulations de leur vrai contrat social, des conventions positives faites unanimement entre tous, lesquelles lient tous ses membres en un seul et même corps de peuple ou de nation, font être leur société ce qu'il fut originairement convenu entre tous les associés, qu'elle serait et devrait toujours être, fixent le vrai rang, la vraie place de chaque individu dans le corps politique, règlent les rapports politiques et civils de chacun à chacun, de chacun à tous les autres, et de tous les autres à chacun, établissent enfin les seuls vrais droits positifs de la masse totale des individus, et de chacune des parties élémentaires de cette masse totale, tant individus que corporations partielles.

Tout ce qui se fait conséquemment et conformément à quelqu'une de ces stipulations, ou conventions entre tous, est seul légal et légitime.

Toute prétention et tout acte qui leur est opposé ou contraire, et qui ne peut aucunement être appuyé ou fondé sur nulle de ces mêmes stipulations, est illégal, illégitime, injuste, tyrannique, perpétuellement nul, et si criminellement attentatoire aux droits de tous et de chacun, qu'il dissout le contrat social, et anéantit à cet égard particulier, les obligations de l'état civil. La chose est pourtant si importante pour tout individu, que chacun est indépendant de toute autre personne, soit physique, soit collective, que celle à qui son indépendance a été nommément aliénée par ce pacte. Nul autre homme, nulle collection d'hommes à qui ce contrat ne confère pas nommément la puissance souveraine, n'a d'autorité légitime sur aucun membre de l'ancien corps social; et s'il se permet d'en exercer, il n'est qu'un vil et coupable usurpateur, sujet à la plus éclatante comme à la plus exemplaire punition.

3.

§§. VI, VII et VIII. *Despotisme ou tyrannie!* Ce sont deux choses différentes. C'est une méchante ineptie de les identifier, et de dire que l'un est l'autre, ou de faire entendre que ce sont là deux noms synonymes d'une seule et même chose. De plus, il est faux et très-faux que *par despotisme ou tyrannie on veuille exprimer un gouvernement où une personne seule exerce toute la souveraineté, non en la forme du contrat social, ou soit de la nature elle-même, mais à son libre arbitre, de sorte que sa volonté fasse l'office de la raison.*

L'homme qui étant né et qui vivant sous le gouvernement légitime d'un seul, se permet d'enseigner publiquement une aussi fausse et dangereuse définition, se rend digne du plus sévère châtiment, parce qu'il n'y a pas de fausse idée plus séditieuse et plus propre que celle-là à plonger, sans remords, beaucoup d'hommes dans la carrière des plus grands crimes. Or, je dis que cette définition est fausse, non-seulement parce que le despotisme et la tyrannie ne sont pas une seule et même chose, mais encore parce que la nature n'ayant point institué la souveraineté, il est impossible *de l'exercer en la forme de la nature elle-même;* parce qu'il est faux qu'il faille qu'une personne seule exerce toute la souve-raineté pour qu'il puisse y avoir despotisme et tyrannie ; parce qu'il peut autant y en avoir lorsque la souveraineté serait exercée par une personne factice composée de plusieurs individus, et lorsqu'elle le serait par la personne morale de tous les individus du peuple moins un.

En effet , qui dit tyran en employant ce mot au propre, n'indique qu'un usurpateur de l'autorité souveraine ; car la vraie tyrannie n'est autre chose que cette espèce d'usurpation. Or la tyrannie existe partout où l'autorité souveraine se trouve exercée par une personne, soit physique ou réelle, soit factice ou composée de plusieurs individus, à laquelle nul des membres de la société n'aliéna jamais, par le vrai contrat social de l'état, ceux de ses propres droits primitifs , dont l'aliénation est indispensable pour pouvoir contracter une société civile. Mais comme il est très-possible que la personne morale du peuple se prétende injustement le souverain d'une société , dont aucun des membres n'avait jusque-là jamais voulu se mettre dans la dépendance et sous l'autorité de tous les autres , le gouvernement de tous et celui de plusieurs sont tout aussi susceptibles d'être une vraie tyrannie que celui d'un seul ; car, pour qu'une démocratie soit une tyrannie intolérable, il suffit qu'il soit faux que par le contrat social chacun y ait aliéné son indépendance primitive à tous les autres ; pour qu'une aristocratie soit une tyrannie, il suffit que le collége ou l'être collectif qui exerce la souveraineté ne soit pas le véritable être collectif auquel le vrai contrat social, les vraies anciennes lois fondamentales de cet état avaient nommément déféré l'autorité souveraine ; enfin, pour que le gouvernement d'un seul soit tyrannique, il faut que celui qui s'en dit le monarque ne soit pas la vraie personne à qui la couronne était dévolue par les anciennes lois fondamentales de cette monarchie.

On voit par là combien il est injuste et coupable d'appeler *tyran* la seule personne, soit physique ou réelle, soit morale ou composée, à laquelle le vrai contrat social de son peuple, ou de sa nation, donne un légitime droit à exercer l'autorité souveraine sur tous les individus de ce peuple.

Ce nom odieux n'appartient qu'aux seuls usurpateurs de cet exercice. Ce qu'il serait vrai de dire de ces coupables usurpateurs, est faux de la personne du seul légitime souverain qui soit établi par le contrat social, ou par la juste exécution de ce contrat ; et réciproquement, ce qu'il est vrai de dire du légitime souverain, ou en sa faveur, est faux des audacieux usurpateurs de son autorité.

Quant au despotisme, il diffère essentiellement de la tyrannie, en ce qu'il peut être une forme légitime et vraiment établie par le contrat social du peuple chez lequel il existe, tandis que le tyran ne reçoit du pacte social, aucun droit à l'exercice de l'autorité qu'il usurpe, ou qu'il a déjà usurpée. Mais pour entendre ceci, l'on doit considérer qu'en entrant en société, chaque individu est le maître d'exiger du souverain qu'il se donne (à lui-même et à ses propres descendans et non à d'autres), telles conditions dont il juge propos de faire dépendre son aliénation de ceux de ses droits primitifs, que, pour entrer en société civile, il faut nécessairement aliéner, chacun pour soi et sa propre postérité.

Or, de ces conditions, que chacun peut alors exiger de son souverain, les unes sont de droit et n'ont même pas besoin d'être stipulées pour que le souverain y soit obligé ;

mais les autres sont arbitraires , et ont besoin d'avoir été textuellement stipulées , pour que le sujet ait le droit de les réclamer et exiger, et pour que le souverain en soit réellement tenu.

Lorsque les sujets se sont contentés des conditions de la première de ces deux espèces, le gouvernement est despotique , soit qu'il soit une monarchie , ou une aristocratie , ou une démocratie , ou un gouvernement mixte ; parce qu'alors, pourvu que le souverain procure à chacun sa sûreté personnelle, et celle de son honneur , de ses biens de patrimoine et d'industrie propre , sa tranquillité civile , et pourvu qu'il punisse en outre les délits , et venge ainsi les offenses reçues par quelqu'un de ses sujets, ceux-ci n'ont plus rien à exiger de lui, et il est le seul maître absolu du choix de ses moyens de parvenir à ces fins particulières de l'association civile ; car, pour que le gouvernement soit légitimement despotique , il suffit que le contrat social laisse le souverain, quel qu'il soit , seul arbitre de la législation. C'est ainsi que toutes les formes imaginables de gouvernement sont également susceptibles de despotisme. Aussi le despo-

tisme est-il aussi réel dans une aristocratie et
dans une démocratie que dans le gouvernement de la Turquie, lorsque le légitime souverain de ces deux premières formes est, en
chacune, le maître de faire et défaire les lois
par sa seule volonté, sans être obligé, par
leur contrat social, à les faire revêtir du libre
consentement des sujets.

Mais lorsque ceux-ci ont stipulé dans leur
pacte, que la volonté de leur souverain, quel
qu'il soit, ne suffirait pas pour faire les lois ;
que chaque nouvelle loi devrait être pour
ainsi dire un nouveau contrat entr'eux et lui ;
en un mot, qu'une loi ne serait obligatoire
qu'après qu'ils l'auraient volontairement et
librement consentie par eux-mêmes ou par
leurs fondés de procuration ; enfin, que pour
qu'une loi pût acquérir et perdre sa force
obligatoire, il faudrait le concours de la libre
volonté du souverain et du libre consentement
des sujets ; lors, dis-je, qu'ils ont stipulé
tout cela dans leur vrai contrat social, alors
le gouvernement est modéré, la souveraineté
est sagement limitée, et le despotisme n'existe
réellement pas dans l'état, ou du moins dans
sa vraie constitution. Voilà ce que M. Spé-

daliéri et tant d'autres ont très-injustement perdu de vue dans des écrits moins propres à tout autre effet, qu'à celui de rendre les hommes très-malheureux par l'opinion. Eh! que de gens, qui ne sont en effet malheureux, que parce que leurs idées, leurs opinions et leurs sentimens sont faux ou erronés!

Il n'a pas, au reste, mieux rencontré dans sa définition de *l'oligarchie*, qui n'est en soi-même qu'une dégénération et une corruption des formes aristocratique et démocratique. Elle n'a lieu que lorsque, sous ces deux formes, les riches seuls parviennent, par leurs seules richesses et l'unique crédit de leurs finances particulières, à s'y emparer exclusivement de l'autorité, sans autre titre que les moyens que leur donne la fortune d'acheter les âmes viles et assez basses pour s'y vendre eux-mêmes, et les autres, et toutes choses, à qui veut les payer. Tel était le vice de ces anciennes républiques que Platon, Aristote et les auteurs grecs appellent oligarchiques. Les auteurs modernes n'en parlent guère, parce que les républiques ne sont pas en grand nombre dans l'Europe, et que celles qui y méritent de fixer les regards et l'attention des hommes qui ne s'occupent que de grands et vastes intérêts ; ont des constitutions plus régulières , moins incertaines, plus fixes et invariables que celles de l'antiquité.

Quant à l'anarchie, la définition que M. Spédaliéri nous en donne est vraie , de même que le jugement qu'il en porte.

Je pense aussi comme lui , que c'est à peu près une question oiseuse , que d'examiner quelle est la meilleure forme de gouvernement , et je ne saurais , sur cette question , que répéter ce que j'en ai dit dans mes lettres sur l'ouvrage de M. d'A.... (*).

4.

§§. IX et X. Notre auteur, cherchant dans ces deux paragraphes-ci à découvrir à qui peut appartenir par loi de nature le droit de choisir la forme de gouvernement pour une telle société civile , il me paraît ne l'avoir vraiment trouvé que pour le lui ôter de son autorité privée , et le transférer à autrui. Est-ce mauvaise foi de sa part , ou bien est-ce faiblesse d'esprit et de jugement ? Je ne déciderai point cette question.

(*) Ces lettres sont précisément le manuscrit encore inédit , dont j'ai déjà parlé.

Quelle que soit donc la cause de son erreur, de sa bévue, il a eu raison de dire :
*Puisque c'est le contrat social qui établit la
souveraineté, il n'administre aucun principe
d'où déduire que les hommes (c'est-à-dire, les
individus qui contractent), sont tenus de lui
donner plutôt une forme qu'une autre. Donc,
comme par la loi naturelle les hommes sont
obligés (mais il est faux que cette loi les y
oblige) à se constituer sous une principauté
(sotto un principato), ainsi ils demeurent en
pleine liberté de choisir la forme du gouvernement.*

Mais il a tort et très-grand tort d'ajouter :
*Or ceci est dire en termes équivalens que le
droit de choisir la forme de gouvernement
appartient à ce peuple qui constitue la telle
société, parce qu'un homme ou un peuple
étranger étant en état d'égalité naturelle avec
lui, ne peut exercer aucun droit sur lui.* Cette
dernière assertion est fausse ; car, par la
même raison que la loi naturelle laisse les individus dans la pleine liberté de se choisir
(chacun) la forme de gouvernement à laquelle
il lui plaît de se soumettre, ce choix ne
saurait appartenir qu'aux seuls individus qui

veulent se mettre en société civile , mais chacun pour soi seul. De plus, la personne du peuple ne tire son être et ses droits que du même contrat social qui crée le gouvernement et sa forme. Par conséquent, puisque M. Spédaliéri convient que le contrat social n'administre aucun principe d'où déduire que les hommes qui le passent entr'eux sont tenus de donner à la souveraineté une forme plutôt qu'une autre, à raison de ce que c'est cet acte qui l'établit , il doit nécessairement reconnaître que , par le même motif, ce même contrat n'administre non plus aucun principe d'où déduire que le choix de la forme du gouvernement, ou de la souveraineté, appartient à la personne morale du peuple. D'ailleurs, cette personne morale, ou factice, ne tenant directement de la loi de nature aucun droit à rien , ni sur personne au monde , et comme par cette même loi, chaque individu est au contraire indépendant de la personne composée de tous les autres hommes, ou, pour me servir des propres expressions de M. Spédaliéri, comme chaque individu est *en état d'égalité naturelle* avec la personne morale de tous les autres , celle-ci ne peut

exercer aucun droit sur personne : par conséquent elle ne peut légitimement soumettre
aucun individu de l'espèce humaine , ni à un
souverain , ni à une forme quelconque de
gouvernement. Donc , même d'après les raisons de l'adversaire , dire que le choix de la
forme du gouvernement et de la souveraineté
d'une société civile appartient aux individus
dont elle se compose , ce n'est pas la même
chose que de dire , le droit de faire ce choix
appartient au peuple. Donc ce droit n'appartient à la personne morale, ou factice, d'aucun
peuple , ni par le contrat social , ni par la loi
naturelle ; il n'appartient au contraire qu'aux
seuls individus qui veulent contracter une
société civile, et qui ne la contractent et ne
peuvent la contracter que chacun pour soi-
même et sa propre postérité seulement. Or
chaque individu exerce dans le contrat social
son droit personnel de faire ce choix, alors
qu'il y détermine , d'un commun accord avec
tous les autres contractans , la vraie personne
du supérieur commun à tous , à laquelle seule
il aliène ceux de ses droits primitifs , dont il
est indispensable de faire l'aliénation, pour que
la société civile soit vraiment contractée.

Ainsi, quand on veut faire entendre que le choix du souverain compète les individus en seul, ou chacun pour soi-même seulement, on doit bien se garder de dire qu'il appartient au peuple. Ces deux expressions, *appartient aux individus* et *appartient au peuple*, sont également brèves, puisqu'elles n'ont chacune qu'un même nombre de mots ; mais la première est la plus claire, elle ne se prête à nulle fausse interprétation, tandis que la dernière est rendue équivoque et ambiguë, par le mot *peuple* qu'on y emploie : elle laisserait d'ailleurs croire, qu'à cet égard, chacun est soumis à tous les autres, et doit recevoir d'eux son maître et son supérieur. Mais quel est l'homme qui pourrait se croire vraiment intéressé à dépendre des choix de tous les autres, à être le frêle esclave de tous les autres ensemble ? Chacun ne sent-il donc pas au dedans de soi-même, qu'au contraire la nature l'a fait indépendant de tout homme et de toute corporation d'hommes ? Chacun ne sent-il pas aussi, qu'il ne s'est volontairement soumis à un souverain, qu'afin d'avoir en lui un juste protecteur, qui puisse le préserver d'être injustement opprimé par l'agrégation de tous les autres hommes, qui se ligueraient contre lui seul ?.... Jamais je ne cesserai de réclamer en mon propre nom, comme en celui de chacun des autres, contre l'absurde démence de tout écrivain qui voudrait donner à entendre que la personne imaginaire des nations, ou des peuples a des droits naturels, ou que, par la loi de nature, je suis le sujet, le dépendant de la personne morale d'un peuple. Cela n'est vrai d'aucun homme au monde. Ni moi, ni nul autre individu, ne sommes sujets que du seul légitime souverain à qui l'un de nos aïeux aliéna textuellement notre indépendance personnelle et primitive. Quelle fatale ignorance de ses propres droits, en tout homme assez ennemi de soi-même, pour oser nier ce principe, afin de s'asservir à une aveugle multitude, en un mot, à des populaces !....

5.

§. XI. D'après ce que je viens de dire, il est faux que les manières de faire le choix de la forme du gouvernement soient diverses. Il n'y en a qu'une seule ; c'est celle où chacun des individus qui contractent ensemble une société civile, déclare à quelle espèce de personne il veut faire son aliénation personnelle. Tous ceux qui veulent faire la leur à la même espèce de personne se réunissent et s'associent ; mais les individus qui en veulent une autre espèce, conservent leur indépendance primitive, relativement aux premiers et à leur souverain : ils ne peuvent légitimement être contraints par les autres, à contracter avec eux, ni à se conformer à leur choix.

L'unanimité des suffrages est donc à cet égard requise par la loi de nature.

Le choix ne pourrait même se faire à la pluralité des suffrages, qu'autant qu'on en serait précédemment convenu à leur unanimité ; car la loi de la pluralité des voix n'est point l'une des lois naturelles, parce que si la nature l'eût introduite, il serait faux que chacun est naturellement indépendant de tout autre homme et de toute corporation d'autres hommes. Mais si, comme on n'en saurait douter, il est vrai que chaque homme est naturellement indépendant de tous les autres, il doit de toute nécessité être faux que, de droit naturel, le plus petit nombre soit assujetti à la loi du plus grand. La pluralité des suffrages ne saurait donc être qu'une loi purement humaine, ou de simple convention entre hommes ; encore faut-il, pour qu'elle fasse loi quelque part, qu'elle y ait été vraiment convenue à l'unanimité des suffrages : un individu seul eût-il refusé d'y consentir, c'en serait assez pour qu'elle ne donnât absolument aucun droit à tous les autres sur lui.

Par une juste conséquence de ce principe et de ceux qui le précèdent, il est faux que *la personne d'un peuple puisse, à la pluralité des voix, choisir un nombre déterminé de personnes, et s'obliger par pacte à recevoir de leurs mains la forme du gouvernement comme si elle était établie par tous.* Cependant, si après être tous tombés d'accord qu'ils aliéneront chacun son indépendance à telle espèce de souverain, tous les individus qui veulent s'unir en une même société civile convenaient, d'une voix unanime, qu'un certain nombre d'entre eux seraient choisis à la pluralité des voix pour élire, soit l'individu, soit les individus à la personne, ou physique, ou morale desquels chacun ferait son aliénation personnelle, et se soumettrait comme si elle eût été unanimement choisie par tous, cela se pourrait, non en vertu de la loi naturelle, mais uniquement en vertu de ces conventions préalablement arrêtées à l'unanimité des suffrages. Il faut toujours distinguer ce qui peut se faire par le droit naturel, de ce qui ne se fait et ne se doit faire que par le seul droit d'une convention unanime entre tous les individus : l'un est aussi obligatoire que l'autre, mais à des temps différens.

On peut, j'en conviens encore, *recourir à quelque fameux législateur, ou à une autre nation;* mais ce ne doit être qu'en vertu d'un consentement unanime antérieur, et seulement pour la nomination de la personne du souverain.

J'en dis autant de cette assertion : *Il peut encore être prévenu par quelque sage, et faire sien, par voie d'acceptation, le système politique que ce sage croit à propos ;* car tout individu qui refuserait d'accepter, pour lui-même, ce système politique, reste indépendant de ce même sage, et de tous ceux qui l'acceptent : nul ne peut sans crime être forcé de l'accepter aussi contre son propre gré. Sa personne et tous ses biens continuent de

plein droit à être, relativement à tous les
accepteurs, ce qu'ils étaient auparavant et
sous le pur état de nature.

6.

§§. XII, XIII et XIV. Lorsque M. Spédaliéri
fait la ridicule question, *si un peuple a le
droit de choisir l'anarchie*, il n'a pour lors
raison de répondre, *NON*, que parce que, dans
la matière dont il s'agit, la personne morale,
ou idéale d'un peuple n'a nul droit de choisir.
Mais comme il est faux que *par la loi de nature
l'homme doit vivre en société civile*, quoiqu'il
soit vrai qu'on n'en peut former une sans un
principat, ou souveraineté, il est pourtant
encore faux, que *les membres d'un peuple
n'aient pas le droit de vivre sans principat*,
c'est-à-dire, en état d'anarchie; car vivre
sans principat ou souveraineté, c'est vivre
dans l'indépendance du pur état de nature;
et il est si peu douteux que les individus
avaient originairement chacun le droit de
vouloir rester dans cet état d'indépendance
de tout autre homme et de tout être collectif,
que s'ils n'eussent pas eu ce droit, il serait
faux, et que la société civile est d'institution
humaine,

humaine, et qu'elle n'a pas d'autre fondement qu'un contrat social entre tous ses individus ou membres. Oh ! le pitoyable raisonneur que ce M. Spédaliéri, s'il n'a pas été capable de le prévoir !

Encore un coup donc, loin qu'*il soit certain que les hommes n'ont pas le droit de vivre dans l'indépendance* ou sans souverain, cela est au contraire très-faux, quoique la véritable anarchie doive déplaire à tout homme sensé, quoiqu'elle doive même être condamnée par tout homme équitable, comme injuste et tortionnaire.

J'ai bien souvent du dépit de voir si fréquemment, ou la mauvaise foi, ou l'ineptie avec laquelle M. Spédaliéri équivoque de *pouvoir* à *devoir ;* et ne sachant à quoi il se fixe dans ses expressions à double sens, je ne puis me décider qu'avec dégoût, à entrer dans les tortuosités de ses faux replis. S'il a donc voulu dire que, *lorsqu'il s'agit d'intérêt, l'homme n*'a pas le droit *de faire ce qu'il voit être contraire à son intérêt,* je lui réponds, qu'en ayant la possibilité, puisqu'il fait souvent ce contraire, rien ne lui en ôte non plus le droit. Si notre théologue docteur sicilien

C

prétend le contraire, que ne le prouve-t-il donc ? Mais comme le vrai ne se prouve point par le faux, il ne fournira pas la preuve que je lui demande là, en posant cette question, *quel état est plus que l'anarchie contraire à l'intérét de l'homme ?* car ses amateurs et tous ceux qui y trouvent leur profit, lui répondraient qu'ils ne voient point d'état plus conforme à leur propre intérêt. Ce n'est donc pas l'intérêt que l'on a, ou que l'on croit avoir dans les choses, ni l'utilité personnelle qu'on en retire, qui décide de leur justice ou de leur injustice, de leur bonté ou de leur méchanceté.

Ainsi ce n'est point relativement à l'intérêt de l'homme, ni parce que les hommes ont appris plus de moyens de nuire qu'ils n'en auraient dans le plus pur état de nature ; ce n'est, dis-je, à cause de rien de cela, que je regarde l'anarchie comme le plus horrible et le plus funeste des états ; mais uniquement parce que la véritable anarchie est si éloignée de l'indépendance du pur état de nature, que, dans l'horrible confusion où elle met toutes choses, chacun y est tour à tour l'esclave, le jouet et la misérable victime de tous les brigands et de tous les scélérats, qui veulent l'asservir à tous leurs caprices et à toutes leurs volontés passagères ; enfin, parce qu'au lieu d'un souverain, elle donne à chacun une foule de tyrans, qui, pesant inégalement sur sa tête, le tiraillent à la fois en mille sens différens et opposés, et ne lui permettent plus de savoir à qui entendre.

D'un autre côté, je dis que nul homme de l'état civil n'a le droit de la vouloir, parce que nul ne peut être dégagé des obligations qu'il a contractées dans le pacte social, que par chacun des individus envers lesquels, ou il les a contractées, ou il est censé les avoir contractées par l'un de ses propres ancêtres. Or, substituer l'anarchie à l'ordre introduit et établi par le contrat social, et la lui substituer contre le vœu de quelqu'un et du plus essentiel des membres de la société, c'est enfreindre en vil scélérat le plus saint des contrats, c'est violer sa foi jurée, c'est usurper sur autrui des droits que l'on n'a pas, c'est blesser toute moralité, c'est violenter tout autant sa propre conscience naturelle que celle des autres. Heureusement que la providence ne permet pas que ce flambeau s'éteigne pour

C 2

toujours. Sa bienfaisante main se sert tour à tour du souvenir des biens passés et des maux présens pour le rallumer dans tous les cœurs, même dans les plus dépravés, et elle permet que la force du mal-être ramène enfin les hommes à la pratique des devoirs de la justice. C'est ainsi que lorsque *l'anarchie*, qui n'est que l'absence de tout gouvernement légitime et réglé, s'est introduite quelque part, elle finit enfin par s'en bannir elle-même.

7.

§§. XV, XVI. J'ai déjà fait voir, sous le n.º 3 du présent chapitre, que M. Spédaliéri n'avait qu'une fausse notion des vraies natures du despotisme et de l'oligarchie. On y verra de même qu'il est faux que le despotisme proprement dit soit *une forme de gouvernement bâtarde, illégitime, contraire à la nature, et par conséquent invalide, insubsistante, nulle.* Il prétend cependant que *la preuve* de cette soi-disante illégitimité est *très-simple* et *très-claire.* Voyons donc cette preuve très-simple.

Le despote, dit-on, ne représente pas l'esprit, la volonté et la force du peuple, mais il opère, avec l'esprit, la volonté et la force

propres. Et quoi d'étrange à cela ? La personne morale du peuple est un être imaginaire, qui n'existe nulle part, et qui n'a
réellement ni un esprit, ni une volonté, ni
une force personnelle. Comment donc cet
esprit, cette volonté, cette force d'un être
imaginaire, qui n'existent point et qui n'exis-
tèrent jamais, pourraient-ils être représentés ?
La chose est de toute impossibilité. Donc il
n'est point étonnant que trois chimères ne
soient pas représentées par le despote, soit
monarchique, soit aristocratique, soit démocratique (car, je le répète, toute forme est
susceptible d'être despotique).

De plus, personne au monde n'opère avec
l'esprit, la volonté et la force d'autrui : chacun
n'opère jamais qu'avec les siens propres. Donc
toute espèce de souverain, despote ou non,
est à cet égard exactement dans le même cas
où M Spédaliéri prétend ici que se trouve le
despote.

Il est en outre faux, et je l'ai plus d'une
fois prouvé, que la vraie souveraineté *ne
puisse être que l'expression de l'esprit, de la
volonté, de la force appartenant* à la personne
factice de l'être collectif appelé le peuple. Il

est impossible qu'elle soit cette expression chimérique. Donc, de ce que M. Spédaliéri venait de dire à faux, il ne s'ensuit pas que le despotisme est forme de gouvernement bâtarde, etc., etc.

Cependant je conviens que les mêmes raisons ne s'appliquent pas à l'oligarchie, qu'il ne faut point marier avec le despotisme, et qui n'est qu'une espèce particulière d'usurpation de l'autorité.

Puisque pour seconde démonstration de sa fausse assertion, M. Spédaliéri veut aussi que nous remontions à la source des droits et des devoirs, je lui accorderai que tous les hommes ont les mêmes droits et les mêmes devoirs naturels. Mais il est absurde d'en conclure que *si le despotisme n'était pas contraire à la nature, quelques hommes auraient par nature plus de droits et moins d'obligations que les autres ;* car il n'y a nul rapport entre la prémice et la conséquence de ce sophisme, ou faux argument. On ne peut pas en effet comparer en ce sens des choses dissemblables, l'état civil avec le pur état de nature. Le gouvernement despotique est une société civile, et de même que dans toutes les autres formes de cette société , ce n'est point par nature qu'on y a des droits politiques et civils, mais par le droit des conventions positives entre des hommes. Or , qui est-ce qui empêche donc que, par le pacte social, certains individus acquièrent plus de droits civils et politiques que d'autres ? Non-seulement rien ne saurait l'empêcher, mais encore, quelque forme de société civile que l'on imagine , il est de toute impossibilité que ce résultat ne se trouve pas dans toutes , puisqu'en aucune nul sujet n'a , ni ne peut avoir, ni les mêmes droits, ni autant de droits que son souverain. Enfin , il est faux que dans un état despotique, le despote ait moins d'obligations que son sujet. Il y a tous les devoirs naturels de l'homme. Il y a de plus l'obligation de procurer à chacun de ses sujets les fins particulières de l'association , et nul de ses sujets n'a cette obligation-là.

Quelqu'évidemment fausse que fût la manière dont M. Spédaliéri raisonnait dans son §. XV, il a cru que ses faux argumens l'autorisaient à demander , dans le XVI.ᵉ (pour y répondre encore à faux) , *si le peuple ne peut pas légitimer cette forme de gouvernement par son choix ou par son acceptation.* Mais , à propos de ce qu'il répond à cette question ; je lui observerai qu'il est très-facile de détruire les fausses et absurdes idées qu'il se fait des choses, sans nuire en aucune manière à l'essence de ces choses ; c'est-à-dire, à ce qu'elles sont réellement en elles-mêmes, et indépendamment de sa croyance et de ses rêvasseries.

En toute souveraineté, le souverain n'y commande qu'avec son propre esprit, sa propre volonté, sa propre force. Nulle part la personne factice du peuple, personne qui n'ayant pas la réalité de l'existence, n'a et ne saurait avoir ni esprit, ni volonté, ni force, ni âme. Loin de nous donc tout être chimérique. Il est encore plus insensé qu'absurde, de donner des droits et de l'autorité sur des êtres réels à des êtres imaginaires, feints et n'existant nulle part.

Outre que la personne factice du peuple n'est qu'un pur être de raison, qu'une vision d'esprit, ce n'est point à elle qu'il appartient de choisir les formes de gouvernement, et encore moins de les régler. Ce n'est l'affaire que des seuls individus, chacun pour soi-même et sa propre postérité seulement. Mais nous avons vu que les individus ont le droit et la possibilité de laisser, s'ils le veulent, au pur arbitrage du souverain que chacun se donne, et à ses propres descendans, le choix des moyens par lesquels il devra procurer à chacun les fins de l'association. Or, ce qu'il leur est possible de faire à cet égard, ils l'ont fait très-légitimement en plusieurs pays, tant sous la souveraineté d'un seul et sous celle de plusieurs, que sous la souveraineté de la majorité des associés. Ce fait incontestable ne suffit-il donc pas pour obliger très-étroitement un écrivain à des jugemens plus vrais, plus exacts et plus mesurés, que ceux que je reproche maintenant à M. Spédaliéri ?

Les droits d'autrui doivent toujours être respectés, ainsi que ceux des goûts des autres, qui ne lèsent les droits de personne au monde. Bornons-nous à ce qui nous regarde et nous appartient ; laissons les autres être ce qu'ils veulent, et sachons n'être nous-mêmes que ce que nous devons. C'est si fort, sur la matière dont il s'agit, le devoir parfait de chaque homme, qu'il est faux, et de toute fausseté, que la nature ait ordonné le principat ou la souveraineté ; il est faux que *la nature l'ait ordonné à la garde des droits naturels.* Les hommes seuls l'ont créé, chacun pour soi-même, comme moyen plus sûr de se défendre et garantir contre l'injustice de leurs semblables, tant réunis que séparés. Donc ils ont pu le créer tel qu'il leur a plu en chaque lieu, sans être tenus de s'y conformer aux goûts, aux vues et aux idées des habitans des autres pays. L'indépendance absolue d'un peuple à l'autre est un principe fondamental, qu'il ne faut pas plus perdre de vue dans l'état civil, que celui de l'indépendance primitive et mutuelle de tous les individus du pur état de nature. Il résulte en effet de cette double indépendance, qu'il est très-facile que ce qui serait vrai du droit politique d'une particulière société civile, soit faux d'une autre, et de toute autre de ces sociétés. Chaque pays a, peut légitimement avoir ses us et coutumes à lui seul. Qu'on ne s'offense donc pas des dissemblances. Elles sont tellement nécessaires à l'harmonie de l'Univers, que l'Auteur de la nature n'a pas fait un être, ni un pays, qui ne diffère de chacun des autres par quelque dissemblance. Une chose te déplaît et ne t'agrée pas ? eh bien, abstienst'en pour toi seul, et laisse-la pour qui la goûte et la veut. Qui que tu sois, ô homme ! voilà l'un des devoirs dont tu ne peux sans crime, te dispenser envers autrui.

SUR LE CHAPITRE XVI.

Élection du Prince.

I.

§§. I. et II. Ce ne saurait être un sujet de dispute de savoir à qui appartient l'élection du prince, que dans le seul cas où quelques insensés auraient l'injuste et coupable démence d'en attribuer le droit à toute autre personne que celle à qui la vraie nature des choses et des titres positifs l'assignent réellement. Or, par malheur, M. Spédaliéri, qui n'aperçoit pas qu'on puisse disputer à cet égard, établit cependant cette cause de dispute entre lui et moi.

Lui ayant déjà prouvé, dans mon 4.ᵉ n.º sur son chapitre précédent, que *le droit de déterminer la forme du gouvernement* n'est pas de la personne morale *du peuple*, j'en

dois, de son propre aveu, conclure que *beau-*
coup plus celui de choisir la personne ou le
collège en qui doit résider le principat, n'appartient point à cette personne morale, ou
factice. Et, en effet, le droit de choisir la
personne, soit physique, soit morale, à laquelle on veut aliéner son indépendance primitive, ainsi que son droit personnel de se
faire par soi-même justice de toutes les in-
jures qu'on a reçu d'autrui, ne saurait naturellement appartenir qu'au seul propriétaire
de ces deux droits à aliéner ; c'est-à-dire,
que le droit de choisir le souverain n'appartient qu'à chaque individu du pur état de
nature, lequel voulant se mettre en société
civile, peut seul validement disposer de ce
qui n'appartient qu'à lui seul.

Outre qu'il est faux qu'*on comprenne qu'il*
suit de la nature que les hommes doivent faire
société, et par conséquent se mettre sous
l'ombre du principat, il ne résulte pas de
cette fausse assertion que *le sceptre demeure*
au plein arbitrage de la personne morale du
peuple, quoiqu'il soit très-vrai que *rien n'éta-*
blit en aucune manière que le sceptre doive
être joui plutôt par tel que par tel autre indi-

vidu de la société. C'est même parce que rien ,
avant le contrat social , n'établit par qui le
sceptre doit être possédé , que la personne
morale du peuple n'a nul droit d'en disposer ;
car, si elle avait un tel droit, elle en jouirait ,
et sa possession du sceptre aurait précédé
toute disposition de sa part en faveur d'autrui, chose qui est contraire au principe posé ,
et réprouvée par le droit de l'indépendance
primitive de chaque individu du pur état de
nature.

Si M. Spédaliéri se flatte d'ailleurs *d'avoir
fait voir ,* j'ai , de mon côté , démontré qu'il
est faux *que les trois facultés de juger , de
décréter et d'exécuter constituent le principat ,
et qu'elles sont celles mêmes des individus déposées en commun.* Cette prétendue déposition
en commun est chimérique , inutile et in-
fructueuse par elle seule. De plus , il est faux
*que ce qui est vôtre soit au commun , et que ce
qui est à la communauté soit vôtre.* C'est pourquoi, quoique ce qui est vôtre ne doive vraiment être administré que par qui vous voulez ,
il n'en est pourtant pas de même de ce qui
est à la communauté. Par la même raison ,
de ce que la chose qui appartiendrait à la

communauté, c'est-à-dire, à la personne
morale du peuple, ne doit être administrée
que par qui veut cette personne factice, il ne
suit pas que ce qui est vôtre doive encore
être administré par qui veut aussi cette même
personne. Écartez donc toute équivoque :
séparez ce qui vous appartient en seul et ce
qui appartient de même à chacun, de ce qui
appartient aux autres ensemble, et par ce
moyen vous vous convaincrez que, puisque
ce qui est vôtre ne peut légitimement être
administré que par qui vous voulez, il n'appartient point du tout à la personne morale
du peuple de disposer de votre indépendance,
ni de choisir la personne à qui elle sera aliénée avec votre droit personnel et primitif de
vous faire justice par vous-même. En un mot,
vous vous convaincrez que le droit de faire
ce choix, et celui de transférer à la personne
choisie les deux droits naturels que chacun
doit nécessairement aliéner, pour que l'association civile puisse être contractée, n'appartiennent qu'à chaque individu seul, et pour
soi-même, sans que son choix puisse obliger
les autres à rien. et sans que le choix des autres l'oblige lui-même à quelque chose.

Les individus qui choisissent une personne
différente de celle élue par les autres, ne sont
point en société avec les derniers, et ils ont
le droit incontestable d'en vouloir rester, eux
et leurs biens, séparés, s'il ne leur plaît pas
de changer quelque chose à leur choix; car,
comme l'adversaire le dit lui-même, *nul* de
ceux qui veulent sortir du pur état de nature,
*n'est tenu de se servir d'une personne déter-
minée.* Donc il n'appartient qu'à chaque con-
tractant de déterminer la personne à laquelle
il veut faire sa propre aliénation. Les autres
n'ont aucun droit de la déterminer pour lui,
ni de le contraindre, ou forcer, à aliéner à la
même personne qu'eux.

D'après cela, *la vertu du contrat social
s'épuise* si peu *dans la création du principat*,
ou de la souveraineté, qu'il n'existe et n'est
achevé qu'après l'aliénation consommée de
l'indépendance de chaque individu. Or, comme
il est impossible que chacun consomme cette
aliénation avant d'avoir désigné d'une manière
fixe et certaine, la vraie personne à laquelle il
la fait, et avant que celle-ci n'ait accepté
l'aliénation, et promis les conditions du
contre-échange qu'elle en devra à chacun,

n'est-il pas bien évident que le choix du prince entre dans le contrat social, et qu'il en fait partie essentielle et indivisible ?

C'est donc à tort que M. Spédaliéri prétend que ce choix n'entre pas dans ce contrat. Il en fait au contraire l'âme ; il en détermine seul la vraie nature, parce qu'un contrat de société, dans lequel l'indépendance primitive des individus ne serait aliénée à personne, ni acceptée par personne, ne saurait jamais être un contrat de société civile ; il ne saurait empêcher la continuation du pur état de nature ; il ne saurait empêcher que chacun ne restât ensuite l'unique juge légitime de tous ses différens avec les autres , même touchant les clauses de son association simple avec eux ; il ne saurait enfin empêcher que, pour perdre le droit d'être soi-même le seul juge compétant de toutes ses propres causes , il ne fallût encore un autre contrat où chacun l'aliénerait à qui bon lui semblerait, et lequel deviendrait le vrai contrat de la société civile.

L'hypothèse de M. Spédaliéri rend la nécessité de ce second contrat si évidente, qu'il dit lui-même : *Le choix du prince est un autre contrat qui se fait entre le peuple et la personne à qui l'on offre le principat.* Or, on voit par là qu'il n'a pensé à diviser l'acte de l'association civile en deux contrats, dont le premier n'aurait d'autre objet que de former la personne morale du peuple, qu'afin de se ménager quelque prétexte de faire acquérir à cette personne factice, le droit supposé de choisir la personne du souverain. Mais,

Ou par le premier contrat, chacun des individus a aliéné à la personne morale du peuple les droits individuels qu'il est indispensable d'aliéner pour passer réellement en société civile,

Ou nul d'eux ne lui a fait alors cette aliénation.

Dans ce dernier cas, la personne morale du peuple n'y ayant rien reçu de personne, n'a rien à donner, et le contrat par lequel on veut la faire créer, n'est point un contrat de société civile, mais uniquement un contrat de simple promesse de s'associer civilement, et d'aliéner tous à un même supérieur commun, dès qu'on pourra consommer la transaction. Ainsi cette première stipulation ne serait qu'une simple partie du pacte social, lequel se composerait alors de deux actes séparés, qui ne formeraient ensemble que comme un seul et même contrat social.

Dans le premier cas, la personne morale du peuple serait le vrai souverain que chacun de ses membres s'est donné ; en sorte qu'en transférant ensuite, par un second contrat, la souveraineté, ou le principat, à une autre personne, la personne factice ou morale du peuple annullerait le premier contrat social : elle lui en substituerait un second, qui dès-lors deviendrait l'unique pacte de son actuelle société civile. Ainsi cet autre contrat, dont notre auteur nous parlait, est tout autant le vrai contrat social, que s'il n'eût point été précédé du premier qu'il annulle, et qui dès-lors doit être réputé comme s'il n'eût jamais été fait, d'autant mieux que le contrat social, tel que je le décris entre chaque individu et le souverain qu'il se donne, en est un tout aussi *ordinaire* que le second contrat de M. Spédaliéri. On en peut dire tout de même, qu'il est connu sous le titre de *do, ut facias* ; car chaque individu y donne à son souverain sa propre indépendance primitive et son propre droit naturel de se faire justice par soi-même, afin que ce souverain fasse à son tour rendre à cet aliénateur, tout ce qui lui est légitimement dû par les autres : et certes, c'est bien là donner pour qu'on fasse. Aussi, lorsque le prince a accepté l'aliénation qui lui est faite par chacun des individus qui se mettent sous sa dépendance, et lorsqu'il a promis à chacun de lui procurer et la fin de son aliénation et les autres conditions stipulées de part et d'autre, le contrat social est-il alors vraiment consommé, mais non auparavant.

Du reste, ce qui aura trompé M. Spédaliéri, c'est que n'ayant pas fait attention que différentes espèces d'association civile devaient avoir différens modes de contrat social, il lui aura paru que partout ce contrat devait se faire en la même manière que dans les gouvernemens électifs : mais c'est une erreur évidente. L'essence de cet acte est la même partout, mais ses formes varient selon les différences des diverses espèces de société civile qu'il est possible de contracter.

Dans la monarchie héréditaire, dans l'aristocratie tant héréditaire qu'élective, et dans la démocratie, ce n'est que par un seul et même contrat que tous les individus s'entrepromettent mutuellement d'aliéner au même supérieur commun les droits qu'ils doivent individuellement aliéner, qu'ils conviennent de l'espèce du souverain à qui chacun aliénera, qu'ils choisissent la personne de ce souverain, lorsqu'il y a lieu à ce choix, et qu'enfin chacun aliène pour soi seul et toute sa propre postérité seulement.

Les élections, qui, par la suite, se font dans l'aristocratie élective pour y remplacer les membres du corps souverain, ne sont point une partie du contrat social, ni un nouveau contrat social ; car l'aliénation essentielle à ce pacte avait été faite pour toujours, au corps qui ne meurt point, et dont les droits ainsi que les devoirs avaient été précédemment arrêtés et fixés : aussi ne se fait-il alors aucun contrat entre les nouveaux élus et leurs électeurs.

Les élections qui se font dans la démocratie pour les magistratures, ne sont autre chose que les simples actes exécutifs d'un souverain qui choisit ses officiers ; car, dans la démocratie, c'est la personne du peuple qui est le prince : ses magistrats n'y sont, quelque empire qu'ils y paraissent exercer sur leur

maître, que comme les ministres d'un roi
faible, qui se laisse gouverner et souvent tyranniser lui-même par ceux qui l'entourent.
Voilà le sort de la démocratie, où le peuple
ne saurait s'élire un prince, sans cesser à
l'instant d'être le souverain de ses individus,
d'être une démocratie, laquelle n'existe réellement pas dans un état où chaque loi n'est
pas délibérée et définitivement arrêtée par la
totalité du corps du peuple, ni dans un état
ou les magistrats, les commissaires, et les
soi-disans représentans du peuple font des
lois et des actes d'autorité, dont on ne peut
appeler devant tout le peuple en corps, pour
les y faire réformer, et pour en faire punir
les auteurs quand ils sont injustes et en forme
indue et illégale. En effet, dans un tel état,
ce n'est plus alors la personne morale du
peuple qui est le souverain, mais la seule
personne de qui proviennent ces lois et ces
actes d'autorité, qu'il n'est pas possible de
faire rectifier par la personne morale du
peuple.

Mais dans la monarchie élective, la chose
ne se fait pas précisément comme sous toutes
les autres formes, chaque individu n'y alié-

nant ceux de ses droits primitifs, dont l'aliénation est indispensable, qu'à la seule personne du monarque élu. A la mort de ce prince, chacun de ses sujets rentre en possession de tous ses droits du pur état de nature, et leur société, si elle continue, cesse d'être une vraie société civile jusques à ce qu'il y ait eu, et un nouveau monarque élu, et un nouveau contrat d'aliénation des droits individuels, qu'il est indispensable que chaque individu de l'état civil ait aliénés à une personne certaine et connue. A quelle foule d'inconvéniens et d'injustices cette forme n'ouvre-t-elle pas la porte ! La mort de chaque prince y ramène le pur état de nature, puisqu'elle y rend à chaque ancien sujet toute son indépendance primitive. Par conséquent, chacun y paraissant alors le maître absolu d'en faire pour l'avenir tout ce qu'il jugerait à propos, l'ancienne société devrait pouvoir, sans injustice, se soudiviser en autant de nouvelles sociétes différentes qu'il y a de volontés diverses parmi les anciens membres. Néanmoins, et quoique les partisans de chacune de ces volontés diverses n'aient aucun droit à contraindre les partisans de chacune des autres à vouloir aussi comme eux, il arrive très-souvent que les divers partis qui diffèrent de vues et de volonté s'entrefont injustement la guerre, pour que le plus faible soit forcé de sacrifier ses goûts et ses vouloirs au plus fort. C'est une tyrannie très-coupable, qui ne rend que trop souvent les gouvernemens électifs (de toutes les formes) très-illégitimes, du moins relativement à ceux qui se sont vu forcés à vouloir ce qu'ils n'eussent jamais voulu, si leur liberté n'eût point été violentée par des gens sans droit antérieur à exiger des autres ce qu'ils les contraignent de faire.

Pour affaiblir cet inconvénient et lui ôter toutes les apparences de l'injustice, on a imaginé de diviser le contrat social de ces sortes d'états en deux actes séparés, dont le dernier, qui se renouvelle à chaque règne, est l'unique et vrai complément du civil de l'association.

Par le premier, tous les individus s'obligent réciproquement entr'eux de former ensemble et à perpétuité une seule et même société civile, et d'aliéner chacun sa propre indépendance à un même souverain pour lui seul durant le reste de sa vie. Ils **y** établissent en même temps, que chacun de leurs souverains sera élu immédiatement après la mort de son prédécesseur, en un mode d'élection dont ils conviennent, et qu'ils règlent d'hors et déjà pour toujours par ce même premier acte ; mais nul n'aliénant alors rien à aucune personne certaine, chacun reste le seul juge compétent de tout ce qu'il doit, ou ne doit point, pour l'exécution de cette première partie de leur contrat. Ensuite, quel que soit le mode d'élection dont ils sont convenus, ils procèdent à compléter leur pacte social par un second contrat à vie, ou à temps, avec la personne élue pour être leur prince. L'on voit donc que dans ce second contrat, c'est si peu la personne morale ou factice du peuple qui traite avec le prince, qu'il ne saurait appartenir qu'à chacun de ses individus d'aliéner sa propre indépendance et son propre droit de se faire par soi-même, au besoin, justice des autres. Voilà pourquoi dans ce second acte du contrat social, la personne morale du peuple ne dit pas au prince élu, *je t'élis mon prince*; mais ses individus y disent d'un concert unanime: *nous t'élisons notre prince, afin que,* etc.

Au

Au surplus, la monarchie élective étant la seule forme où la chose se passe comme je viens de l'expliquer, la règle générale devait se tirer du mode commun à toutes les autres formes, qui sont en plus grand nombre. Notre auteur a donc eu tort de préférer à ce mode commun, l'usage particulier d'une seule forme d'états, qu'on pourrait quasi regarder comme une exception à la règle générale, si le fond de la chose n'y revenait pas parfaitement au même. Les gens possédés de la manie de juger et de raisonner sur des cas présens en lieu déterminé, d'après l'exemple d'autres cas particuliers, mais passés en des temps et des lieux différens, devraient du moins apprendre qu'il n'existe pas de pire méthode. Elle ne peut naturellement conduire qu'à de faux résultats, parce que n'existant pas de cas parfaitement semblables, ils ont tous entr'eux des différences sensibles, qui ne permettent point qu'on les juge d'après les mêmes règles. Chaque forme de gouvernement ayant donc ses principes propres et particuliers à elle seule, qu'on ne juge de rien dans aucune, par les principes, ni par les exemples d'une autre forme différente. Tel

D

est le vœu de la saine raison et de l'équité : elles admettent si peu qu'on juge de la légitimité d'un fait par l'exemple d'un autre fait, qu'il n'existe aucun crime qu'on ne pût parvenir à justifier de la sorte. Quelle est, en effet, l'action honteuse et criminelle qui n'ait point été commise par des hommes, et de laquelle il n'y ait pas des exemples ? quelle est l'absurdité qui n'aurait pas été imaginée, crue et soutenue obstinément par quelqu'homme ? Quoi ! faudrait-il donc que parce que beaucoup d'hommes furent des assassins, d'autres aient la permission d'assassiner aussi ? — Non. — Nous ne pouvons donc nous rien permettre sur le motif que d'autres l'avaient ou fait, ou dit avant nous. Faisons toujours attention à ce qui doit réellement être fait pour que l'équité soit satisfaite, et presque jamais à ce que d'autres ont fait. C'est l'unique moyen de ne pas s'égarer, et de n'être, ni la dupe, ni la victime des faux préjugés.

2.

§§. III et IV. Le premier de ces deux paragraphes présente de l'exactitude, et je n'y vois à relever que la définition du royaume ou gouvernement électif. Je n'y admets point en effet qu'*à la mort du prince ce soit le peuple qui reste en pleine liberté d'en élire un autre à son plaisir.* Ce ne sont au contraire que ses seuls individus, qui rentrent alors dans le droit de faire cette élection en la manière que j'ai précédemment expliquée ; c'est-à-dire, ou chacun par soi-même et pour soi-même en seul, à son propre choix, ou selon un mode originairement établi, convenu et réglé par la partie inamovible du pacte social, par les stipulations de ce pacte, qui ne se trouvent point alors éteintes et finies.

Tout ce que j'ai précédemment exposé ne permet pas non plus d'admettre, que *le peuple est maître de conférer plus ou moins ample la souveraineté, et d'insérer dans le contrat d'autres pactes et d'autres conditions qu'il juge opportunes à son intérét, pourvu qu'elles ne soient point contraires à la raison et à l'essence de la souveraineté.* Car la personne factice du peuple n'est pas l'une des parties contractantes du pacte social. Or, qui n'est pas partie stipulante dans un contrat, n'a nul droit d'y faire insérer quelque chose.

Les simples individus étant donc les seules

parties stipulantes dans le contrat social, **eux** seuls peuvent étendre ou restreindre la latitude de toutes les clauses dont il est susceptible. Mais à cet égard, ils ne sont pas les maîtres absolus des conditions, parce que le souverain qu'ils se donnent est le maître d'accepter ou de refuser ce qu'ils lui confèrent, ainsi que les conditions qu'ils lui proposent, et parce qu'il n'y a rien de fait entr'eux et lui, qu'après le consentement, les promesses respectives, et l'acceptation réciproque de l'un et des autres.

Si les sujets ne sont obligés envers leur souverain qu'aux seules choses auxquelles ils se sont volontairement astreints par leur contrat social, à son tour leur souverain ne leur doit non plus que les seules conditions qu'il lui a plu de leur promettre dans le même acte.

Ce qu'il y a librement accepté des sujets, voilà ce qui lui appartient ou le compète sur eux : ce qu'il a voulu promettre en échange et dont ils se sont contentés par leur acceptation textuelle ; voilà tout ce que le souverain doit à ses sujets, et les seules choses qu'ils aient le droit de prétendre et exiger de lui.

3.

§§. V, VI et VII. C'est à tort que l'on doute si la conquête donne au conquérant le droit de régner sur le peuple conquis. Ce n'est jamais en vertu du simple fait de la conquête qu'il y règne, et la question est mal posée. Il fallait demander si le traité de la paix que le vainqueur accorde aux vaincus, peut donner à un conquérant le droit de régner sur le pays de sa conquête. Ce n'est en effet, qu'en vertu des seules capitulations avec des hommes qui ont encore les armes à la main, et qui ont la liberté de continuer à se défendre, s'ils le veulent, que le vainqueur devient leur souverain.

Pour bien traiter cette question, il eût donc fallu que M. Spédaliéri fût entré, sur la guerre et la paix, dans des développemens que son livre ne présente pas, et dont les principes se retrouveront dans mes lettres sur l'ouvrage de M. d'A.... J'y ai traité cette importante matière contre les erreurs de J. J. Rousseau et de Montesquieu lui-même, à qui j'oppose des autorités plus respectables que la leur et des faits incontestables, dans lesquels ils ont eux-mêmes présenté, sans l'y apercevoir, la vraie nature de la chose.

J'accorde cependant à M. Spédaliéri qu'il faut aussi examiner, pour bien résoudre la question, si le conquérant a fait une guerre juste au peuple conquis. Je lui accorde aussi que s'il n'en avait point été offensé dans sa propre personne, ou dans celle de quelqu'un de ses sujets, (car il suffit d'une offense au simple sujet d'un souverain chez une nation étrangère, pour que celui-ci ait un juste lieu d'attaquer cette nation), je lui accorde, dis-je, que si une telle offense n'existe point, alors la guerre n'a pas pu être juste. Je lui accorde enfin que s'il n'a pris les armes que par une fausse gloire, par ambition, par cupidité, la guerre a dû être très-injuste. Mais qui pourra juger ces questions préalables ? à qui la compétence d'un tel jugement peut-elle appartenir ? Il est souvent si difficile de connaître la vérité sur ces grandes et terribles contestations, qu'il est presqu'impossible de savoir laquelle des puissances belligérantes a eu les premiers et les plus grands torts. Il est pourtant quelques cas, où personne ne peut douter de l'iniquité du conquérant, et où l'univers entier l'a vu provoquer la faiblesse du vaincu par des injustices antérieures et criantes, qui l'avaient mis dans le cas de repousser des offenses réelles par d'autres offenses ultérieures, lesquelles ne sont devenues qu'un vain palliatif de l'injuste agression du vainqueur. Mais ces cas sont si rares, qu'ils méritent moins de fournir la règle générale, d'où l'on doit partir à cet égard, qu'une exception particulière à cette règle générale.

Sans aucun doute, droit et injustice sont deux idées diamétralement opposées. Le droit exclut toujours l'injustice, et celle-ci suppose toujours l'absence de tout droit à ce que l'on fait pour la commettre. C'est pourquoi nulle injustice ne peut en aucun temps faire naître un droit ultérieur. Ce qui fut injuste dans son principe, le reste éternellement.

Ainsi, lorsqu'il est réellement vrai, et lorsque tout l'univers a reconnu, qu'un conquérant avait, sans juste motif, ou déclaré, ou soutenu la guerre dans laquelle il a subjugué les vaincus, et que la cause de ceux-ci était la seule juste, la seule fondée sur le droit et l'équité ; alors le fait de la conquête et la force du conquérant sont insuffisans pour éteindre les droits primitifs des vaincus. Ces droits restent toujours les mêmes en spéculation. Mais en pratique, rien n'est plus difficile que de décider quand il serait imprudent et quand il serait injuste de vouloir les revivifier et s'en remettre en possession. Car le fait de la conquête et la force des armes ne sont jamais, après la paix faite, les uniques titres du conquérant. Il a aussi pour lui les stipulations du traité de paix, dans lesquelles il n'est pas toujours facile de voir la cause de contrainte, qui serait capable de les rendre nulles. En effet, en tout traité de paix, chacune des parties contractantes conserve encore alors assez de liberté pour pouvoir rejeter, si elle le veut, les conditions exigées par son adversaire, et leur préférer la continuation de la guerre. Si la plus faible aime mieux les souscrire, que de continuer à se défendre et à tenter les nouveaux sorts des armes, dont l'expérience apprend qu'on ne doit désespérer entièrement que lorsqu'on n'existe plus, elle fournit la preuve que c'est volontairement et librement qu'elle a traité et qu'elle s'est assujettie au vainqueur.

Voilà l'unique motif pour lequel notre auteur

a pu dire avec raison, qu'*un empire illégitime dans le principe peut devenir par la suite légitime au moyen de l'acceptation du peuple conquis*. Mais il ne faut pas pour cela que cette acceptation ne soit que tacite. Elle doit être expresse et formelle, ne pouvant même, à elle toute seule, produire cet effet : car elle a besoin d'être fortifiée par la renonciation libre et clairement prononcée de l'ancien souverain à tous ses droits antérieurs sur le peuple conquis, et par la cession que cet ancien souverain en ferait au conquérant. Faute de cette cession et du double consentement réunis de l'ancien souverain et de ses ci-devant sujets, le conquérant ne saurait jamais être leur vrai légitime souverain, par la raison que si un souverain est sans juste et suffisante qualité pour disposer valablement des droits personnels et particuliers de ses propres sujets, ceux-ci n'en ont pas davantage pour disposer ainsi de ceux de leur souverain.

Il ne peut être affranchi que par eux seuls de ses obligations envers eux ; et eux, ils ne peuvent être dégagés et dispensés de leurs devoirs envers lui, que par lui-même en seul. Aussi le droit de conquête, qui n'a justement

D 5

lieu que de souverain à souverain, ou de nation à nation, à cause de leur indépendance
mutuelle, n'existe-t-il pas et ne peut-il exister dans la dépendance de l'état civil, ni du
souverain à ses sujets, ni des sujets à leur
souverain. Il existe entr'eux un autre juge
légitime que la loi du plus fort, laquelle a été
abrogée dans chaque nation, pour tous ses
rapports intérieurs, par clause expresse de
son propre contrat social. Ces raisons ont plus
de vérité que celle de dire : *Le conquérant est
après l'acceptation du peuple conquis le représentant du peuple.* Car cette dernière raison
est fausse ; et elle ne signifie rien du tout,
parce qu'en nul pays le légitime souverain
n'est le représentant de la personne factice du
peuple.

Si tout ce que je viens de dire est incontestable dans les cas où la victoire aurait cou-
ronné l'injustice des prétentions du conquérant, à plus forte raison le sera-t-il lorsque
la conquête est la suite d'une guerre juste. La
légitimité des fruits de celle-ci ne repose pas
moins sur le traité de paix qui la termine, que
celle des fruits d'une injuste conquête.

C'est donc, en tous les cas, du traité de

paix que partent tous les seuls légitimes droits
ultérieurs d'un conquérant sur les vaincus.
Du reste le but de la guerre est la destruction
de son ennemi ; d'où il suit que , dans la rigueur du droit, tout ce qui tend à ce but semblerait permis , si l'honneur et la gloire ne
réprouvaient pas tous ceux des moyens d'y
parvenir , qui n'appartiennent naturellement
qu'à la perfide trahison et à la lâcheté. Les
sentimens de l'honneur , de l'humanité et de
la religion se réunissent donc pour ne lui
laisser que les seuls moyens, qui exigent un
généreux courage, non-seulement dans ceux
qui les emploient , mais encore à l'instant
même où ils les emploient. Ils veulent qu'alors
les deux parties adverses partagent également
les risques et les périls. Ils veulent que l'une
ne tue , que lorsque sa propre vie et son existence politique sont aussi exposées , et qu'elle
épargne l'ennemi désarmé , ou celui qui se
reconnaissant vaincu demande à traiter de sa
vie et de son sort à venir. Or voilà le cas d'un
contrat mutuel , où chacun reste le maître des
conditions qu'il veut , ou accepter et stipuler,
ou refuser.

Si le souverain des vaincus y cède au vain-

queur , soit partie , soit totalité de ses propres
droits et que ses sujets y consentent , un nouveau droit succède à l'ancien , et tout ce qui
est stipulé dans le nouveau contrat abroge et
annulle légitimement tout ce que contenait de
différent , de contraire et d'opposé le pacte
antérieur , qui dès-lors n'est plus le titre de
personne , ni du peuple conquis , ni de son
ancien souverain , à moins que celui-ci ne
conservât une partie de ses anciens sujets.
Dans ce dernier cas seulement , l'ancien contrat social conserve toute sa valeur pour cette
portion d'anciens droits et d'anciens sujets que
le nouveau traité de paix lui laisse ; mais il la
perd toute pour ceux et pour les pays que ce
même traité lui ôte.

Les sujets cédés au vainqueur sont donc
alors avec celui-ci, dans le même cas où l'on
se trouvait au sortir du pur état de nature ;
leur ancien souverain n'ayant eu que le droit
de les remettre ainsi dans leur indépendance
primitive et dans ceux de leurs droits origi-
naires, qui lui étaient conditionnellement aliénés par l'ancien contrat social , que cette
cession abroge et met au néant relativement
à eux. En conséquence ils doivent former avec

le conquérant cessionnaire un nouveau pacte d'association civile, et ce pacte est soumis aux mêmes chances de possibilité qu'à la première origine de toute société. Il résulte donc de ce principe que M. Spédaliéri a tort de dire : *Mais en aucun cas quelconque le despotisme* (du conquérant) *ne peut être autorisé.* J'ai d'ailleurs prouvé sur son ch. XV, n.º 7, qu'il est faux que de sa nature, le despotisme soit nul et insubsistant. Il peut être un gouvernement très-légitime, lorsqu'il résulte des clauses du pacte social. Outre cela, toutes les formes imaginables de gouvernement peuvent être despotiques par la même cause, et ce serait la démence de l'ineptie, si l'on se figurait qu'il soit possible d'écarter le despotisme, en se bornant à changer de forme de gouvernement. On ne peut faire par ce moyen autre chose, que changer la forme du despotisme, et passer du prétendu despotisme de l'une des formes de gouvernement dans celui des autres.

4.

§§. VIII à XXVIII. M. Spédaliéri affichant l'orgueil de se glorifier d'avoir mis au clair les importantes vérités, que pourtant il n'avait jusques ici qu'obscurcies et embrouillées, il se croit maintenant *amené naturellementpar la connexion de la matière à examiner* trois hautes questions, et dans leur solution, sa feinte modestie fait semblant de vouloir servir d'appui aux simples d'esprit.

Ils sont vraiment les seuls auxquels il pût faire tellement illusion, qu'ils se laissassent guider par lui. Mais comme son ambition ne se borne point à ne tenter d'égarer qu'eux ; comme il affiche ouvertement la prétention que, *qui a bien compris les doctrines qu'il avait précédemment établies, peut décider ces trois questions par soi-même ;* et comme cette orgueilleuse assertion suppose qu'elles ne peuvent être résolues que par les faux principes et les faux renseignemens que lui, M. Spédaliéri, nous voulait donner, ne devient-il pas important de prouver à tout le monde, aux simples d'esprit comme aux autres, que de s'appuyer sur M. Spédaliéri, ce serait choisir le plus insuffisant, le plus inutile et le plus dangereux des appuis ? Voilà pourquoi je vais encore le suivre pas à pas dans son examen, posant en son lieu chacune de ses trois questions, dans les propres termes dont il s'est servi pour les exprimer,

1.ʳᵉ QUESTION.

Le peuple a-t-il le droit de défaire le principat?

J'observe pour commencer, que cette question est conçue en termes équivoques, à double entente et de mauvaise foi. Mais j'écarte pour un moment l'équivoque du mo: *le peuple,* et je m'arrête à celle du mot *la faculté.*

Ce mot ne désigne qu'une simple aptitude, ou puissance soit physique, soit morale, à faire quelque chose. L'idée fixe qui y répond ne s'étend pas plus loin que la puissance, ou que le pouvoir matériel de l'agent. Elle fait abstraction du droit qu'il peut avoir, ou ne pas avoir d'user de cette faculté, puissance ou pouvoir simplement matériel. Donc on peut avoir la faculté ou la puissance de faire une chose, sans en avoir pour cela le droit.

Ainsi demander si le peuple, ou plutôt si tous les sujets ensemble *ont la faculté de défaire le principat,* ce n'est point demander s'ils en ont le droit. C'est seulement s'enquérir s'ils en ont la possibilité physique, le simple pouvoir matériel. Cependant rien de plus oiseux, rien de plus inutile que cette dernière demande ; et il ne pouvait être intéressant que de rechercher, s'ils en ont, ou n'en ont pas le droit. M. Spédaliéri a donc très-faussement posé ses trois questions, en se bornant à y demander, sans nécessité, sans utilité quelconque, si l'on avait LA FACULTÉ de, etc., quand il ne devait s'agir que de savoir, si l'on avait le droit, s'il était licite de, etc. Voilà qui est commun aux trois questions posées par notre auteur ; mais je supposerai que son intention se bornait à demander, si le peuple a le droit de la chose dont il s'agit dans chacune. Car si on les prenait au pied de la lettre, et que l'on n'y entendît le mot *faculté* que dans son sens propre, on ne saurait s'empêcher de répondre que le peuple a réellement la puissance physique ou matérielle en question. Mais cela n'avancerait de rien ; puisque la puissance, ou la force, ou la possibilité de faire, est très-loin d'être le droit et de donner le droit de faire. Qu'il s'en faut en effet, que nous ayons le droit de tout ce que nous pouvons, de tout ce dont nous avons la force ou la faculté !

Rentrant maintenant dans le particulier de la première question, j'observe en second lieu, que j'ai démontré plus haut la fausseté de l'assertion que *la société civile est l'état auquel l'homme est destiné par la nature.* Il n'est pas moins faux que l'*homme ne puisse pas renoncer généralement parlant à la société civile sans s'opposer à sa propre nature.* Car cette société n'est en aucune manière la propre nature de l'homme, et ce n'est en aucune façon renoncer à sa propre nature que de renoncer à la société civile, pour se retirer, par exemple, dans un désert en compagnie d'un certain nombre d'autres individus avec lesquels on formerait une espèce particulière de société, laquelle ne serait point du tout une vraie société civile. Cela est si évident, que, quoiqu'il soit très-vrai que le principat, ou la souveraineté soit partie essentielle de la constitution civile, il n'en résulte pourtant pas, que pour faire simplement société entr'eux, il soit nécessaire aux individus d'y avoir un souverain. Car *la constitution sociale* et *la constitution civile* sont si peu une seule et même chose, qu'il faut nécessairement ou beaucoup d'ignorance, ou beaucoup de mauvaise foi, pour les identifier, pour donner l'une pour l'autre, pour nommer *la constitution sociale* là où il ne faudrait nommer que la constitution civile.

Ces deux constitutions ont tant de différence entr'elles, que, quel que puisse être le vrai motif de l'équivoque, commis de l'une à l'autre par M. Spédaliéri, je dois lui contester, et tout le monde doit lui nier, que le *principat soit partie de la constitution sociale*, quoiqu'il soit vraiment partie essentielle de la constitution civile.

Il a cependant raison et il professe la vérité toute pure lorsqu'il dit : LE PEUPLE N'A PAS LE DROIT DE DÉFAIRE LE PRINCIPAT ou la souveraineté. C'est un principe incontestable qui, pour ne point dériver des fausses preuves et raisons qu'en apporte notre auteur, n'en est pas pour cela moins vrai.

Son incontestabilité se fonde sur ce que le principat ou la souveraineté est le produit d'un contrat synallagmatique et solennel entre tous les individus du peuple et le souverain qu'ils se sont donné par ce contrat, dans lequel ils lui ont donné des droits qu'ils n'ont aucun droit de lui retirer et reprendre.

En effet, ce que nous avons aliéné et donné à autrui ne nous appartient déjà plus. Il ne peut nous revenir légitimement, que dans le seul cas où la personne à qui nous l'avions aliéné et donné, et qui dès-lors en était devenue le seul et légitime propriétaire, nous le rend par un acte ultérieur, mais totalement libre et volontaire de sa part.

D'ailleurs, tous les sujets d'un même souverain ne sont ensemble que l'une des parties contractantes du pacte de la société civile : le souverain, qui leur est donné par ce pacte, est l'autre partie contractante. Or en nul contrat, l'une des parties n'a le droit d'annuller et détruire ses stipulations acceptées par l'autre partie, et de les détruire contre le gré de celle-ci. En tout contrat, chacun des contractans reste soumis à toutes ses obligations envers l'autre, jusqu'à ce que celui-ci veuille bien l'en affranchir. Par conséquent le peuple, pris pour la somme totale de tous les sujets d'un même souverain, n'a pas le droit de défaire à lui tout seul la souveraineté, d'anéantir le contrat social, de retirer à son souverain les droits qui lui sont acquis par ce contrat, de révoquer les aliénations que chacun de ces individus avait faites à ce souverain et n'avait faites qu'à lui seul.

Donc nul contrat de société civile ne peut être légitimement dissous que par le concours de la libre volonté du souverain et de la libre volonté de tous ses sujets sans exception. La libre volonté de l'un sans la libre volonté de tous les autres, et la libre volonté de tous les sujets sans la libre volonté du souverain, n'opèrent rien de légitime et de valide contre la force et la valeur de leur contrat social.

Donc, encore dans toute la rigueur du droit, les obligations réciproques du pacte social de toute société civile, et nommément de toutes celles dont la souveraineté est héréditaire, subsistent toujours tant que le légitime souverain et ses vrais ayant-droit et cause n'en ont pas affranchi tous les sujets, et que tous les sujets n'en ont pas, d'un concert unanime, voulu accepter l'affranchissement ; en un mot, tant que le souverain et tous ses sujets ne se sont pas unanimement accordés, chacun de son franc et libre mouvement, à annuller leur contrat primitif.

Une autre preuve que le peuple, ou que la somme totale des sujets n'a nul droit de défaire la souveraineté, ni de ravir à son souverain les droits qui lui sont acquis par toutes les lois fondamentales de leur société civile, c'est qu'outre que le peuple n'est en corps que l'une des deux parties contractantes du pacte social, tous ses membres y ont aliéné le droit de juger par eux-mêmes leurs propres causes. Or ils contreviendraient à cette aliénation expresse, c'est-à-dire qu'ils enfreindraient illégalement leur contrat, en se portant eux-mêmes juges de quelque altercation entr'eux et leur prince ou souverain. Ainsi ne leur appartenant point dans l'état civil, de juger leur propre cause, le corps de tous les sujets d'un souverain quelconque est sans droit, comme sans qualité, pour anéantir par son unique et propre fait les droits de son souverain et de ses vrais et légitimes ayant-cause. Ces droits subsistent toujours dans toute leur étendue, nonobstant toute prétention et tout fait particulier du peuple des sujets en seul.

Un tel fait de la part du peuple seul n'est qu'un acte *anarchique*. Or M. Spédaliéri a très-fort raison de dire que c'est une question insensée de demander si le peuple a le droit de faire des actes anarchiques, ou qui le plongent dans l'anarchie. Elle est vraiment un état pire que le pur état de nature, parce que dans celui-ci, nul individu n'est sous la légitime dépendance d'autrui, tandis que dans l'état d'anarchie, chacun s'y trouve asservi aux injustes attentats de quiconque veut faire ce qu'il n'a nul droit d'opérer, quoique sous prétexte d'exercer des droits du peuple, dont la personne morale est cependant incapable d'exercer des droits, et n'a reçu nulle espèce de droit, ni de la nature, ni du contrat social d'aucune des sociétés civiles, que leurs fondateurs organisèrent avec équité, prudence et sagesse.

2.e QUESTION.

Le peuple a-t-il la faculté (c'est-à-dire le droit) de changer la forme de son gouvernement?

Je commence à ce propos par relever l'équivoque du mot *peuple*, qui comme être collectif, ou personne morale, n'a nul droit naturel quelconque. Et des droits politiques, il n'en a, sous cette même qualité de personne factice, que dans la pure démocratie; en sorte qu'en tous les pays où la démocratie entière ne se trouve point introduite par le vrai pacte social des habitans, l'être collectif du peuple n'a nul droit politique, ou de convention entre des hommes. Il n'est donc pas permis, hors d'une légitime démocratie, et il est très-oiseux d'y demander, si la personne du peuple y a le droit ds faire quelque chose.

En toute démocratie seulement, la personne du peuple a tous les droits politiques du souverain. Elle les y a même sans limites, ce qui rend la vraie démocratie un despotisme dans toute sa plénitude. Hors d'elle la personne morale du peuple n'a rien et il est inutile de demander si elle a quelque chose.

Mais on peut, dans les autres états, demander si les sujets du souverain ont le droit de changer à leur fantaisie la forme du gouvernement.

Ce que j'ai dit sur la première question fait aisément juger qu'ils ne l'ont point, même dans le cas où ils seraient tous d'accord contre le sentiment du légitime souverain qui s'y refuse. Cependant M. Spédaliéri prétend qu'ils ont ce droit ; mais la preuve qu'alors il est de mauvaise foi, qu'alors il parle très-sciemment contre la vérité, c'est qu'il avoue que pour avoir le droit de changer à son arbitrage un choix déjà fait, *il faut que celui qui a eu le droit de choisir une première fois à son gré ne lèse pas les droits acquis par quelqu'un;* ce qui est vraiment dire, qu'après avoir une première fois exercé leur droit de choisir une forme de gouvernement, tous les sujets ensemble, et seuls de leur côté, n'ont plus le droit de faire ensuite un nouveau choix contraire au premier. Car il leur est de toute impossibilité de faire le second, sans léser les droits acquis par le fait de leur premier choix à leur légitime souverain, ainsi qu'à tous ses légitimes ayant-droit et cause. Il leur est encore impossible de faire le second choix, sans détruire par leur seul propre fait, et par conséquent en une façon illégale, le contrat social passé entr'eux et le souverain établi par leur premier choix. Et pourtant ce contrat ne peut être réellement défait et annullé, que par le concours du libre consentement du légitime souverain avec le libre consentement de tous ses sujets sans exception.

Un droit de choisir entre différentes choses n'est pas l'un de ceux dont l'exercice peut se répéter en différens temps. Il ne s'étend point par sa propre nature, à celui de défaire son premier choix, pour lui en substituer un second.

second. Changer le premier, c'est exercer un nouveau droit de choisir : ce n'est plus le même droit qu'on avait précédemment exercé et consommé ; c'est un second droit, lequel a besoin d'un autre fondement que le premier. Or, où est donc le titre particulier de ce second droit ?

Ce titre nécessaire ne se trouve certainement pas dans cette fausse assertion : *changer un premier choix fait, est toujours le même droit de choisir, que l'on exerce en temps et touchant des objets divers* ; car il est faux que rechoisir soit choisir, et que changer un choix soit le même droit qu'on a eu de choisir une première fois. Conclure le droit de changer, du droit qu'on avait eu de faire le premier choix, est une absurde pétition de principe, qu'un fripon ou qu'un sot peuvent seuls se permettre.

D'ailleurs, quoique changer la forme du gouvernement soit exercer un droit de choisir à divers temps, il est cependant faux que, dans ce changement, le nouveau choix se fasse entre des objets divers de ceux entre lesquels on choisit la première fois. Alors le choix fut fait entre toutes les différentes formes de gou-

E

vernement, et il fut fixé sur celle qu'on aima le mieux. En changeant dans la suite ce premier choix, on ne choisit encore qu'entre toutes les mêmes différentes formes de la première fois. Mais, encore un coup, sur quoi se fonderait le droit ultérieur de refaire un autre choix entre toutes ces mêmes formes ? — Sur rien au monde.

Notre auteur l'a tellement senti, que malgré la force de son envie d'enseigner le faux, il dit : « Le droit des sujets à choisir la forme du gouvernement ne peut être éteint que par un droit acquis par quelqu'un *en vertu d'un pacte, puisque c'est un axiome très-manifeste de loi naturelle qu'on doit s'en tenir aux pactes. D'où il résulte que le peuple n'a pas le droit de changer la forme du gouvernement durant la vie de cette personne, ou durant cette race à qui il conféra déjà le principat par acte, si le contrat ne s'est pas dissous par lui-même.* » Donc puisque cet écrivain reconnaît lui-même cette vérité, laquelle est incontestable, c'est volontairement et par quelque méchant dessein qu'il avait faussement prétendu que *sa seconde question veut être résolue affirmativement.* Elle ne doit au contraire l'être, en

aucun cas, que *TRÈS-NÉGATIVEMENT*;
parce que les sujets qui changent la forme du
gouvernement ne sont que les infracteurs injustes de la sainteté d'un contrat, qu'ils n'ont
aucun droit de dissoudre par eux seuls. Ce
contrat ne peut, en effet, être légitimement
dissous que du concert unanime du souverain
et de tous ses sujets sans exception, agissant
chacun avec la liberté la plus entière. Le seul
cas où il se dissolve par lui-même, est celui
où il n'existerait plus aucun légitime ayant-
droit et cause du souverain avec lequel il a
été passé. Alors l'association est finie, tous
ses sujets rentrent dans le pur état de nature,
ainsi que dans la plénitude de tous les droits
de cet état, et ils se retrouvent dans le même
cas qu'avant leur contrat social ; de sorte
qu'ils ne procèdent et ne peuvent procéder
à une nouvelle association, qu'en vertu des
mêmes droits et des mêmes titres, d'après
lesquels ils avaient la première fois contracté.

3.ᵉ QUESTION.

Le peuple (c'est-à-dire, les sujets), ont-ils la faculté (c'est-à-dire, le droit), d'ôter le principat à la personne ou au collége qu'il en avait revêtu ?

Ce que j'ai déjà dit sur les deux précédentes questions rend assez évident que, ni dans la monarchie, ni dans l'aristocratie, ni dans l'aristo-démocratie, ni dans aucune autre forme de gouvernement mixte, la totalité des sujets n'a nulle espèce de droit à ôter la souveraineté, soit à la personne, soit à la famille, soit à la corporation particulière à qui elle est légitimement acquise par le vrai contrat de leur société civile. Or ce contrat est l'un des pactes dont M. Spédaliéri doit nécessairement avouer, *que c'est un axiome très-manifeste de loi naturelle, qu'il faut s'en tenir aux pactes.* Néanmoins, il prétend que *la troisième question doit se soudiviser, afin qu'on la décide droitement.*

I. En conséquence, il demande en premier lieu, *si le peuple peut ôter à un le principat à son bon plaisir, c'est-à-dire, quand il lui paraît pour motifs légers et sans raison,*

Il se répond avec raison, justice et vérité, que *NON* ; *à cause que c'est*, dit-il, *loi de nature qu'on s'en tienne aux pactes*, ce qui signifie que les pactes qui se font induisent vraie obligation de laisser jouir son droit à qui l'a acquis en force d'un pacte.

Cette raison est incontestable sans être pourtant la seule d'où notre auteur pouvait partir pour nier que la personne morale du peuple *eût le droit d'ôter à un la souveraineté quand il lui plaît.* Cette même dénégation s'appuie aussi du fait incontestable, que hors de la pure démocratie, laquelle n'existe en nul pays du monde, la personne morale du peuple n'a nul droit ni à faire, ni à défaire le souverain.

Mais il s'est gardé d'employer cette dernière raison, quoiqu'elle ne fût pas moins incontestable que la précédente ; et il l'a passée sous silence, parce qu'elle ne permet pas de dire que *si l'être collectif du peuple s'expliquait de vouloir conférer le principat à bon plaisir, ou pour un temps déterminé, et que l'acceptant consentît à le recevoir en ce mode, très-certainement le terme expiré, ou quand il plairait au peuple, il aurait la faculté d'en* revêtir un autre , puisque dans les deux cas il ne violerait pas son pacte. Cette assertion est pourtant fausse ; parce que , comme je l'ai démontré plus haut , ce n'est point à la personne morale ou factice d'un peuple qu'appartient le droit de conférer la souveraineté, et d'en traiter avec celui qui en est investi. Ce droit n'appartient qu'aux seuls individus , chacun pour soi-même seulement. Eux seuls peuvent contracter la société civile avec le souverain ; eux seuls peuvent aliéner à celui-ci , chacun , ceux de ses droits personnels ; sans l'aliénation desquels il est impossible de former une société civile.

Il suit de là que les individus peuvent, s'ils le jugent à propos , faire , en sortant du pur état de nature, la haute folie de n'aliéner chacun sa propre indépendance et son propre droit de se faire par soi-même justice des autres , au souverain qu'il se donne , que pour un temps déterminé, ou seulement pour tout le temps que cela lui plaît , sans qu'il soit néanmoins permis d'en conclure, que la personne morale du peuple a , lorsqu'il lui plaît, le droit de dépouiller ce souverain des droits que ce contrat à terme défini, ou indéfini, lui acquiert ; car ce n'est point avec cette personne morale que le prince a contracté.

De plus, pour que les individus eussent le droit de lui ôter et de reprendre les droits qu'ils lui avaient aliénés , il faudrait qu'avant d'exercer ce prétendu droit, il fût bien et dûment constaté, qu'ils se l'étaient textuellement réservé par le contrat social ; il faudrait qu'il fût incontestable , qu'en l'exerçant, loin de violer leur contrat , ils ne font alors au contraire, que ramener à due exécution l'une de ses clauses textuelles. Mais si cette clause n'y est pas littéralement exprimée , ni eux, ni la personne morale du peuple n'ont le soi-disant droit, dont M. Spédaliéri nous a parlé , pas même dans les monarchies électives , où le contrat social ne permet aux sujets de procéder à l'élection d'un nouveau souverain , que lorsque la mort a éteint naturellement les droits de tout homme au légitime exercice de la puissance souveraine de cette forme particulière d'états.

Tout souverain électif, soit à temps fixe et déterminé , soit pour toute sa vie, est d'ailleurs l'unique vrai propriétaire de la souveraineté, pour tout le temps qu'elle lui a

textuellement été donnée par le contrat social
de sa patrie ; et il est faux qu'en aucun cas,
le prince, ou souverain, soit un simple délégué,
un pur lieutenant de la personne morale du
peuple. S'il n'était que cela, il ne serait ni
prince, ni souverain, mais simple officier du
prince, et la souveraineté n'appartiendrait
alors qu'à la seule personne morale du peuple.
Mais elle n'appartient à cette personne factice ;
le peuple n'a le droit de la prétendre, de la
déléguer, de la faire exercer en son nom par
des lieutenans, que lorsqu'il est textuellement
prouvé, par la lettre du contrat social, que
chaque individu n'a aliéné qu'à la seule personne factice de tous les autres individus du
corps social, ceux de ses droits primitifs,
dont l'aliénation individuelle est indispensable.

Lorsque ce n'est point du tout à cette personne imaginaire et factice, que chacun a
fait sa propre aliénation nécessaire ; lorsque,
selon ce qui est le plus ordinaire, *la souveraineté se confère*, comme dit notre Sicilien,
*à vie, et que pour le plus souvent on la fait
passer* héréditairement *de l'un à l'autre dans
la même race ou famille*, alors nul des droits
souverains n'appartient à la personne morale

du peuple. C'est donc avec justice et vérité que notre auteur avoue, que *qui a le principat le jouit en qualité de vrai propriétaire*. Il en aurait donc dû conclure que les sujets étaient absolument sans droit quelconque à l'en ex-proprier ; mais il a cru mieux trouver son compte à en tirer plutôt l'hypothèse de la seconde partie de sa troisième question.

II. Il demande, en second lieu, *si le peuple a le droit d'enlever à un le principat alors qu'il viole les conditions essentielles du contrat fait entre lui et le peuple*. Mais cette seconde version de sa troisième question ne suppose que deux faits de toute fausseté : l'un, que le contrat social a été fait entre la personne factice du peuple et le souverain ; l'autre, que la personne factice du peuple est le légitime juge des contestations qui peuvent s'élever entre un souverain et ses sujets.

Or la fausseté de ces deux suppositions étant déjà suffisamment démontrée, puisque, d'un côté, le contrat social ne se fait et ne peut se faire qu'entre le souverain et chacun de ses sujets individuellement, et puisque, d'un autre côté, chacun des sujets ayant aliéné par ce contrat, son propre droit de juger par soi-même ses propres causes , nul d'entr'eux ne conserve ensuite aucun droit à prononcer, ni en particulier, ni en commun avec les autres , sur aucune de leurs prétentions ni des siennes propres; n'est-il pas bien évident que l'être collectif de tous les sujets , sans exception quelconque , est absolument sans droit et sans qualité , pour juger , entre eux-mêmes et leur souverain , si celui-ci a violé, ou non, les conditions essentielles de son contrat avec eux ?

Aucun d'eux n'a jamais eu le droit de juger les causes d'autrui. Chacun d'eux a aliéné celui de juger par soi-même ses propres causes , et aucun d'eux n'a aliéné ce droit primitif de lui-même , ni en particulier à aucun de ses simples associés , ni en commun à l'ensemble de tous les autres sujets du même souverain. Donc ils n'ont plus, ni séparément , ni en corps , le droit de juger la question si le souverain a réellement violé, ou non, les conditions essentielles de son contrat avec eux. Mais n'ayant pas le droit de juger cette question préalable , ils ne sauraient avoir celui de dépouiller leur souverain de sa souveraineté , parce que cette expropriation ne saurait , au plus défavorable pour le souverain de droit , avoir quelqu'apparence de légitimité , qu'autant qu'il aurait été bien et dûment constaté , et très-légalement jugé , qu'il a réellement violé ces conditions essentielles , et que ce n'est point à faux que ses sujets l'en accusent.

Cependant , et quoique ces raisons lui dussent faire encore donner une solution très-négative à sa seconde version de sa troisième question , M. Spédaliéri ose avancer que le peuple a le droit de dépouiller son souverain de la souveraineté , lorsque celui-ci a violé les conditions essentielles du contrat , qu'il suppose à faux avoir été fait entre le souverain et le peuple. Il pousse même l'impudeur jusques à prétendre qu'il en donne la preuve, et nous allons voir comment.

Comme nul être collectif, nulle personne factice ou morale de peuple , n'a reçu directement de la nature , aucune espèce de droit à rien , ni sur nul homme , l'unique moyen de fournir la preuve que M. Spédaliéri a le front de nous assurer qu'il donne, était de produire un titre positif, un vrai contrat où il aurait été littéralement accordé et stipulé , d'un commun et libre consentement respectif entre le souverain et tous ses sujets , que toutes les fois qu'il s'agirait de savoir si les conditions essentielles de leur pacte social ont été violées , ou non , la personne morale ou factice du peuple serait alors le vrai juge compétent de cette question. Faute d'une telle stipulation positive et certaine entre le souverain et ses sujets , il est impossible de voir un légitime juge , un juge compétent dans une innombrable multitude de sujets, qui prétendent (fût-ce même d'un concert unanime entr'eux tous), que leur souverain a violé les conditions essentielles de leur contrat avec lui. On ne peut voir dans leur ensemble , que l'une des parties litigantes dans un grand et vaste procès , mais jamais le vrai juge de ce même procès.

Où est-il donc le vrai juge de cette contestation ? Ils sont tous partie intéressée en cause. Leur être collectif n'y peut donc pas être à la fois partie et juge. Par la même raison qu'ils ne veulent pas que ce juge soit leur souverain , ils ne doivent pas vouloir que ce soit leur propre personne collective.

S'ils ne veulent pas que leur souverain en

soit cru, lorsque niant d'avoir violé les conditions essentielles de leur contrat avec lui,
il soutient que les faits qu'on lui reproche ou
sont faux et calomnieux, ou ne sont vraiment
pas des violations du contrat, ils ne doivent
pas non plus vouloir qu'on les en croie sur
leur simple parole lorsqu'ils l'accusent. Personne ne doit les en croire alors sur leurs
seules allégations répétées autant de fois qu'ils
sont d'individus composant la masse totale du
peuple : c'est incontestable.

Mais au lieu de prendre sa question sous ce
point de vue, quoiqu'il fût le seul sous lequel
il est possible de la traiter avec justice, notre
auteur aime mieux se jeter dans des abstrac-
tions et dans des considérations étrangères ;
qu'il ne sera peut-être pas inutile de discuter
l'une après l'autre.

1.re Considération..... *Si*, dit-il, *dans le
cas exprimé le contrat se dissout par soi-
même, le peuple reste libre de l'obligation
contractée.* Mais si alors le contrat ne se dissout pas par soi-même, « les sujets ne res-
teront-ils pas toujours tenus des obligations
contractées ? » C'est donc une question de
savoir, si dans le cas dont il s'agit, le contrat

se dissout, ou non, par lui-même. Or, combien il s'en faut qu'il soit plus clair que la lumière du jour, qu'il se dissolve ainsi, alors qu'on en viole les conditions essentielles ! Il n'existe au contraire qu'un seul cas où il puisse se dissoudre par lui-même ; c'est le cas où ne restant plus aucun légitime ayant-droit et cause du souverain avec lequel il avait été passé, les droits qu'il avait acquis à ce souverain et à tous ses légitimes successeurs seulement, retournent par déshérence, non à la personne factice du peuple, à qui ces droits n'avaient jamais appartenu, mais individuellement à chacun des sujets auxquels ils appartenaient originairement, qui seuls les avaient aliénés chacun pour soi-même et ses propres descendans, et qui, par ce moyen, rentrent dans le pur état de nature, d'où ils ne peuvent plus valablement sortir de nouveau que par un nouveau contrat social, totalement semblable en nature, à celui qui vient de se dissoudre par lui-même.

Il est pourtant vrai que tous les contrats synallagmatiques ; c'est-à-dire, tous ceux que M. Spédaliéri nomme *do, ut des ; do, ut facias ; facio, ut des ; facio, ut facias*, sont, pour me

servir de ses termes , *de leur nature intrinsèque, hypothétiques;* ou , pour mieux dire, ils
n'obligent l'une des parties à faire ce qu'elle
y promet à l'autre, qu'autant que celle-ci
aura fait ce qu'elle aura promis en échange ,
ou qu'autant qu'elle voudra remplir la condition qu'elle a promise , et en considération
de laquelle l'autre partie s'est obligée à faire
ce qu'elle a de son côté promis. Mais il ne
suit point de là , que ces sortes de contrats ,
dont le social est vraiment l'un, se dissolvent
par eux-mèmes , lorsque l'une des parties
contractantes prétend que l'autre partie en a
violé les conditions essentielles ; car , dans
l'exacte vérité du fait , ils ne peuvent être
dissous en vertu de l'une de leurs clauses ,
ou que par un jugement légal , dans lequel
un juge à la fois compétent et légitime reconnaît que la condition essentielle a vraiment été violée , ou que par une déclaration
formelle de l'une des parties , qui notifie à
l'autre qu'elle ne veut plus remplir sa propre
obligation : encore cette notification ne suffit-
elle même pas, parce que dans ce dernier
cas , il faut de plus que l'autre partie veuille
bien l'en dispenser , et elle est la maîtresse

de ne pas le vouloir, et de la contraindre; par tous moyens de droit seulement, à s'acquitter de son obligation contractée.

Ainsi, puisqu'aucune des parties obligées par un contrat synallagmatique ne peut s'affranchir elle-même des obligations que ce contrat lui impose, et puisque chacune d'elles a le droit d'exiger de l'autre, qu'elle s'en acquite à son propre égard, sans que celle-ci puisse légitimement s'en dispenser par sa seule volonté, n'est-il pas bien évident qu'il est faux de dire que le contrat social *se dissout et s'annulle par lui-même, lorsque l'accomplissement de sa condition essentielle vient à manquer* ?

Oui ; cela est très-faux. Il n'est dissous et annullé que lorsque, d'un côté, le souverain dispense ses sujets des obligations que ce contrat leur impose envers lui, et que, d'un autre côté, tous ses sujets veulent en outre accepter chacun cet affranchissement, et dispenser à leur tour le souverain des siennes à leur propre égard.

Mais tant que le souverain réclame de ses sujets l'exécution du contrat social, ou tant que chacun des sujets la requiert du souverain

(113)

et des autres sujets , ce contrat subsiste toujours dans toute sa force obligatoire ; et dans
l'un et l'autre cas , tous sont tenus de l'exécuter dans toute l'étendue de la rigueur du
droit. Il est même si vrai que l'être collectif
de tous les sujets n'a pas le droit de le regarder comme annullé dans le cas où leur
souverain les somme tous de l'exécuter, que
leur obligation est la première en ordre. Ils
doivent les premiers obéir , et ce n'est qu'a-
près qu'ils ont obéi , que le souverain leur
doit les conditions essentielles que le contrat
l'oblige de remplir. Il suit de là , que lorsque
les sujets refusent d'obéir à leur prince , ce
sont eux, et non le souverain , qui enfrei-
gnent le pacte. Ils en violent illégalement les
clauses et les conditions.

Les sermens par lesquels les parties contractantes peuvent s'être entre-liées n'ajoutent
ni ne diminuent sans contredit rien à la qualité intrinsèque de leur contrat ; ils n'en aug-
mentent, ni n'en atténuent les obligations ; ils
ne sont qu'un acte particulier, dans lequel
chacune de ces parties prend la Divinité à
témoin de la sincérité des obligations qu'elle
contracte , et semble invoquer sur elle-même

tous les châtimens de la justice divine, si
elle manque à s'en acquitter avec toute la
bonne foi que l'autre partie contractante est
en droit d'attendre d'elle. Or ces sermens
peuvent être de part et d'autre aussi condition-
nels que leur contrat mutuel, sans qu'on en
puisse conclure qu'ils se dissolvent et s'an-
nullent par eux-mêmes ; car les mêmes motifs
qui empêchent le contrat mutuel de s'annuller
par lui-même, produisent le même effet sur
le lien des sermens qui formeraient son complément, ou plutôt sa confirmation ou sanc-
tion. D'ailleurs, nous ne pouvons être déliés
des obligations d'un serment, que par la mort,
ou par la personne envers laquelle il nous
engage. Nulle autre puissance dans ce monde-
ci n'a le droit de nous affranchir de ses liens ;
parce qu'il est une espèce de contrat envers
la Divinité, une promesse solennelle à Dieu,
qui n'a chargé personne ici-bas de nous dispenser des promesses que nous lui avons faites ; enfin, parce que dans tout serment, on
s'en remet au jugement de Dieu sur son plus
ou moins de fidélité à le garder ; d'où il suit
en particulier, que touchant les sermens, qui
lient les sujets à leur souverain et le souverain

à ses sujets, ils doivent tous s'en remettre entièrement au jugement de Dieu seul.

Au surplus, il est faux que dans le contrat social et les sermens mutuels dont il est ordinairement suivi, *la condition essentielle soit que le prince garde LES DROITS NATURELS de chacun, et dirige toutes les opérations du principat A LA FÉLICITÉ des sujets.* Jamais souverain ne fut assez fou et assez dénué d'esprit et de jugement, pour s'imposer une obligation aussi vague, aussi indéterminée, aussi dépourvue de vraie mesure, et aussi susceptible d'absurdes interprétations. Il est faux qu'elle ait été stipulée en termes aussi vagues et généraux dans quelque contrat ; il est encore plus faux, que cette condition n'eut pas besoin d'être exprimée ; il est faux *qu'elle soit la base du contrat ;* il est faux *qu'elle soit la source de l'obligation que le peuple s'est endossée,* étant même faux que la personne morale ou factice d'un peuple soit l'une des parties stipulantes du contrat social et s'y *endosse* des obligations ; il est faux *qu'elle soit la raison suffisante des promesses que les sujets ont faites à leur prince ou souverain.* Or, ayant précédemment prouvé la fausseté de tout ce que je viens de nier à l'adversaire, je me borne à le rappeler ici. Je m'y borne aussi à conclure que quoiqu'un souverain se refusât expressément, dans l'acte de son investiture, à souscrire une condition exprimée en des termes aussi déraisonnables et insensés que ceux dont se sert M. Spédaliéri pour l'énoncer, cependant pas un homme juste et de bon sens ne refuserait, pour ce motif, de ratifier le contrat social ; car tout homme de bon sens sentirait que ce serait le comble de l'absurdité, que d'exiger d'un autre homme, qu'il s'obligeât à une condition aussi vague et multiforme.

Il n'y aurait pas moins d'absurdité à déduire la proposition suivante de toutes les faussetés que je viens de reprocher à notre auteur. *Or donc*, dit-il, *quand il arriverait qu'un prince prendrait à détruire les droits naturels de chacun, à substituer le caprice aux lois, et à plonger dans la misère les pauvres sujets, le contrat resterait dissous par soi-même.*

Il est en effet impossible que cela arrive, parce qu'il n'est en la puissance physique ou matérielle d'aucun prince quel qu'il soit, de priver tous ses sujets de l'exercice de leurs

droits , et de les plonger tous dans la misère.
A quoi bon d'ailleurs créer des hypothèses
absurdes et impossibles ? Depuis quand les
fausses suppositions conduisent-elles à des
résultats vrais ? Depuis quand la justice des
droits descend-elle des fausses hypothèses ?
Le faux ne conduit jamais qu'au faux. N'est-ce
donc que pour arriver à un résultat faux, que
M. Spédaliéri posait la fausse supposition dont
il s'agit ici ? Dans ce cas-là, qu'il apprenne
que ce doit être en vain ; car fût-il même
possible qu'un prince detruisît les droits naturels de tous ses sujets, substituàt les caprices
aux lois , et plongeàt tous ses sujets dans la
misère, il n'en résulterait pas que leur contrat
avec lui est dissous par soi-même ; parce qu'a-
vant d'être réellement dissous et annullé , il
faudrait qu'un juge compétent pour un tel
jugement eût légalement décidé, que ce prince
est réellement coupable du crime qu'on lui
impute. Or, encore une fois, quel est donc
le juge compétent pour décider légitimement
cette question entre le prince d'une part , et
d'autre part, tous ses sujets sans exception ?

2.ᵉ Considération..... M. Spédaliéri prétend
qu'*outre ladite condition , à laquelle , selon lui,*

nul homme ne peut renoncer, chaque peuple est maître d'insérer dans le contrat quel autre pacte que ce soit qu'il croit opportun à son bien-être. Mais je lui ai déjà prouvé que sa *dite condition* n'existe en aucun contrat social. Loin que nul homme n'y puisse renoncer, aucun ne peut raisonnablement demander qu'on la lui promette ; par conséquent nul homme n'a le droit de l'exiger telle que cet écrivain l'énonce.

Je lui ai aussi prouvé que la personne morale ou factice de nul peuple n'était l'une des parties stipulantes d'aucun contrat social. Par conséquent nulle part cette personne factice n'est la maîtresse d'y rien faire insérer pour son bien-être, d'autant mieux que le bien-être d'un être collectif, lequel n'a pas la réalité de l'existence, est aussi chimérique que le propre être de toute personne collective. Mais en prouvant cela, j'ai démontré 1.° que le pacte social ne se contractait qu'entre simples individus stipulans chacun pour soi-même et sa propre postérité seulement, sans pouvoir validement contracter pour aucun des autres ; 2.° qu'en aliénant à son souverain les deux droits dont l'aliénation était indispensable , chacun était le maître de subordonner cette aliénation à deux espèces de conditions particulières ; c'est-à-dire , à deux espèces de conditions ne portant en termes clairs et précis que sur des objets particuliers et parfaitement déterminés et limités ; 3.º que de ces deux espèces de conditions particulières , à promettre par le souverain , les unes étaient de droit et n'avaient pas besoin d'être stipulées , tandis que les autres ne pouvaient pas se passer de l'être d'une manière très-positive.

Je suppose donc que ce n'est que de cette seconde espèce de conditions particulières , que M. Spédaliéri nous parle aussi , lorsqu'il dit : *En pratique, chaque nation , après longue expérience du pays qu'elle habite , du commerce qu'elle fait, des inclinations que manifestent les individus , fixe certains points économiques et politiques , et juge son intérêt qu'ils s'observent à perpétuité , et qu'ils soient supérieurs à quelqu'attentat que ce soit.*

Dans cette supposition , je nie hautement que ce soit *en pratique la personne morale ou factice de chaque nation* , qui fixe ces conditions particulières , et qui juge son intérêt

qu'elles s'observent à perpétuité ; car la personne morale d'une nation n'est pas plus l'une
des parties contractantes de son pacte social,
que la personne factice du peuple. Cette personne morale n'a reçu de la nature, ni la faculté, ni le droit de juger ce qui convient à
ses individus ; elle n'en a non plus reçu ni
autorité, ni qualité pour statuer sur leur
sort, pour régler et accorder leurs intérêts
personnels, pour les assujettir à des obligations qu'ils n'auraient pas personnellement,
ou individuellement contractées. Nulle des
stipulations d'un pacte social n'est donc et ne
peut être l'ouvrage d'aucune personne morale
de nation ; elles sont toutes l'œuvre de chaque
individu stipulant pour soi-même et toute sa
propre postérité seulement. Nul contrat social
ne contient donc pour personne, aucune
autre obligation que celles qu'il s'y est im-
posées, ou par lui-même, ou par l'un de ses
propres aïeux, aucune autre condition que
celles qui lui ont été individuellement ré-
servées, et qu'on lui a personnellement et
textuellement promises par cet acte.

Cela rétabli, j'accorde à M. Spédaliéri que
ces *conditions particulières,* dont se composent

celles

celles de la seconde espèce , que j'ai précédemment mentionnées , *ne peuvent pas être entendues comprises tacitement dans le contrat, et que ne lui étant pas essentielles , il est nécessaire qu'elles y soient proposées et acceptées en termes exprès.* Mais je ne puis que le blâmer de n'en avoir pas conclu, comme il le devait, qu'à part les devoirs naturellement parfaits du souverain en sa simple qualité d'homme , et son obligation comme souverain , de faire rendre à chacun par tous les autres ensemble et séparément tout ce qui lui est légitimement dû , et de venger chaque offensé , par la punition du coupable , de toute injure qu'il en aurait reçue, et qui serait telle que l'offenseur ne voudrait pas qu'un autre lui en fît autant à lui-même ; toute autre obligation de sa part, laquelle ne se trouverait pas littéralement stipulée et promise à ses sujets dans leur contrat social avec lui , était imaginaire , et ne pouvait être légitimement exigée de lui par personne au monde.

Il est , en effet , incontestable que , ni le souverain , ni ses sujets envisagés ou séparément, ou en corps, n'ont dans l'état civil que les seuls droits et les seules obligations , qui

F

leur sont ou acquis, ou imposés en termes exprès par leur contrat social. Nul d'eux n'a nul des droits, nulle des obligations que ce contrat ne leur donne pas expressément. Donc, lorsqu'un pacte social n'accorde nul droit à la personne factice ou morale de la nation dont il est, cette personne, à qui d'ailleurs l'Auteur de la nature a tout refusé jusqu'à son existence elle-même, est sans droit quelconque ; elle n'en peut légitimement exercer aucun. Donc l'être collectif d'un peuple, ou d'une nation, ne saurait avoir, ni prétendre le droit de juger entre le souverain et ses sujets, qu'autant qu'il serait clairement établi et prouvé que leur contrat social lui a donné ce droit en termes exprès. Mais si ce contrat ne le lui a pas textuellement donné, elle ne l'a point du tout. Il est alors aussi criminel qu'injuste de le lui supposer sans titre, puisque, naturellement parlant, nul individu n'est ni le sujet, ni l'esclave de tous les autres.

Voilà ce qu'il n'était pas permis de mettre à l'écart, pour dire *que la religion exerce tant de pouvoir sur l'esprit des hommes, que celle-ci est la chose dont ils sont plus jaloux que de toute autre*, et pour ajouter, *que cela doit être répété de la persuasion en laquelle ils sont depuis le berceau , qu'elle forme la félicité éternelle après la mort , et qu'elle influe aussi assez à les rendre heureux dans la vie présente ;* car, par ces deux assertions , on sort de la question , puisqu'elles peuvent être très-vraies en soi , sans qu'il résulte de leur vérité que la personne morale d'un peuple , ou d'une nation , ait des droits qu'aucun contrat social ne lui acquiert en termes exprès , et qu'il lui est permis de faire des choses pour lesquelles ce contrat ne lui donne nulle autorité.

En vain aussi M. Spédaliéri prétend-il *que l'histoire de tous les temps , de tous les lieux , de tous les peuples du monde , avec les révolutions , avec les guerres , avec les boucheries qu'elle montre au doigt comme effets des nouveautés religieuses , prouve par voie de fait ce qu'il dit ;* loin que cela justifie les erreurs et les faussetés que je lui reproche , ou loin que cela détruise la force et la vérité des preuves que je lui oppose, et sur-tout des principes que je rétablis dans le lieu qu'il s'efforce de leur ravir par ses fausses maximes , il n'en résulte même pas qu'un homme ait le droit d'en contraindre un autre à professer une religion que celui-ci ne veut pas professer ; il n'en résulte pas non plus que les devoirs religieux doivent être l'objet des stipulations d'un contrat social.

La religion ne peut venir que de Dieu seul, et Dieu n'a pas jugé d'en faire un joug de contrainte et de nécessité. Pourquoi certains hommes voudraient-ils donc en forcer d'autres à penser comme eux en matière religieuse ? Mais c'est une question dont les développemens sont étrangers au vrai sujet de ce chapitre de notre auteur. Il eût donc agi très-sagement, s'il en eût supprimé les deux phrases de son §. XVII, qui l'ont amenée ; car leur obscurité ni n'amène, ni ne prouve l'assertion qui les suit immédiatement. Elle est ainsi conçue : *Qui reçoit le principat jure de maintenir encore ces conditions, de sorte que s'il les viole, le contrat s'annulle par soi, comme avant.* Or cela est faux, quelles que puissent être *ces conditions*, dont il a voulu parler sans les désigner clairement et d'une façon particulière.

Si cet écrivain *ne voit rien contre ce sien argument qui en puisse obscurcir la lumière,* c'est qu'il a voulu se laisser aveugler par une assez insigne mauvaise foi, ou du moins par une ridicule présomption. On ne lui dira donc pas que le contrat social n'est pas conditionné, ni qu'il est indissoluble ; mais on lui dira (et ceci n'est point la même chose que celle à laquelle il répond): « Un contrat conditionné ne se dissout point par lui-même ; comme tous les autres contrats, il ne peut être dissous qu'en trois manières,

» Ou par la non existence de tout légitime ayant-fait, droit et cause de l'une des parties obligées,

» Ou par le concours de toutes les mêmes volontés, dont le concours a été nécessaire pour le former et le forma réellement,

» Ou par l'autorité d'un supérieur légitime et commun aux parties réciproquement obligées ; c'est-à-dire, par l'autorité d'un juge compétent et légitime, lequel en aurait légalement prononcé la dissolution et la nullité. »

Voilà les seuls moyens par lesquels le contrat social puisse se dissoudre : hors des cas de ces trois moyens, il est vraiment *indissoluble*. Mais si M. Spédaliéri veut prétendre et soutenir le contraire, que n'en fournit-il donc une preuve complète et régulière ?

Qu'il ne se flatte cependant pas de la présenter en disant, *il faut réfléchir qu'un contrat de sa nature conditionné, signifie un contrat qui de sa nature ne tient point quand la condition ne se vérifie pas ; de sorte qu'accorder que le contrat dont on parle est conditionné, et prétendre qu'il est indissoluble, est une manifeste contradiction ;* car fausse est la définition qu'il donne là du contrat synallagmatique, et fausse encore la conséquence qu'il tire de cette fausse définition.

En effet, qui dit contrat synallagmatique, ou, comme parle l'adversaire, *contrat conditionné*, fait entendre une espèce de contrat par lequel les parties contractantes sont réciproquement obligées chacune envers l'autre, de façon que lorsque l'une des deux a rempli sa propre obligation, l'autre n'a plus aucun droit, ni juste prétexte, à lui refuser de remplir à son tour la sienne. Par conséquent, il dépend de chacune des parties stipulantes dans cette espèce de contrat, d'ôter aux autres tout droit à prétendre que leur contrat ne doit plus tenir. Il dépend aussi de chacune d'elles, de se mettre elle-même en droit de forcer l'autre partie, par toute sorte de justes moyens, à remplir à son tour la réciprocité de son obligation ; d'où il suit que l'une ne peut être désobligée que par un acte libre de la volonté de l'autre. Donc il n'est pas contradictoire d'accorder qu'un contrat est synallagmatique, et de prétendre en même temps que hors des trois cas ci-dessus spécifiés, il est indissoluble ; car si, voulant de votre côté remplir votre propre obligation, vous ne vouliez pas dispenser de la sienne la partie qui vous est réciproquement obligée, il est bien évident qu'alors votre contrat avec elle est indissoluble. Or si cela est vrai, lorsque vous étiez tenu de satisfaire votre obligation avant de pouvoir exiger de l'autre qu'elle s'acquitte de la sienne, à plus forte raison ce principe devient-il incontestable, lorsque vous n'êtes tenu de la vôtre qu'après que la partie envers laquelle vous êtes réciproquement obligé a eu rempli la sienne envers vous.

Combien faux n'est donc pas le prétendu argument de M. Spédaliéri ! Combien ridicule son aveuglement *à ne rien voir qui en puisse obscurcir la lumière !* Combien, au contraire, n'est-il pas facile d'en dissiper les ténèbres !

Pour que le contrat social soit indissoluble, il suffit que le souverain ne veuille pas dispenser ses sujets des obligations qu'il leur impose envers lui, et tous ses sujets, sans exception, sont tenus de lui avoir obéi fidèlement en tout, avant d'avoir aucun droit à exiger de lui qu'à son tour il s'acquitte de la réciprocité des obligations que ce même contrat lui impose aussi. Tel est le point d'où il faut nécessairement partir, et certes, en partant de ce point-là, nulle vraie règle de logique ne peut conduire aux maximes de M. Spédaliéri. Lui en faudrait-il néanmoins une nouvelle preuve ?

Supposons que par contrat devant notaire, il m'ait vendu une maison pour une somme de 50,000 francs, que j'ai promis de lui payer ; certes, ce contrat est synallagmatique, puisqu'il ne me donne qu'à condition que je lui donnerai. Eh bien ! si, après notre contrat passé, je lui refusais les 50,000 francs, sur le motif que sa maison ne vaut réellement pas 45,000 francs, croirait-il qu'alors il dépendît de moi seul de dissoudre le contrat ? Croirait-il n'avoir nul droit d'exiger de moi, que je lui payasse les 5o,ooo francs, et que je prisse possession de sa maison? Certes, il dirait que j'ai promis, que je m'y suis obligé, que je dois remplir mon obligation, que lui seul a le droit de m'en dispenser à son unique gré, mais qu'il ne le veut pas, et il aurait grandement raison. Or, il en est exactement de même du contrat social. Les sujets ne peuvent être affranchis des obligations qu'il leur impose envers leur légitime souverain, que par ce souverain lui-même, et par tous ses vrais ayant-droit et cause.

3.ᵉ Considération..... M. Spédaliéri retournant ici sur ce qu'il appelle des principes par lui établis, comme s'ils n'étaient pas faux, il demande, *quelle chose est la souveraineté ;* mais j'ai prouvé qu'il est faux que la souveraineté soit *l'expression de l'esprit, de la volonté et de la force commune, c'est-à-dire, les portions des droits de chaque individu mises en commun :* j'ai prouvé que cette soi-disante définition était plus que fausse ; elle est de plus très-absurde. Il est faux que l'esprit, la volonté et la force de chacun soient des droits, et qu'ils puissent être mis en commun ; il est

F 5

faux que les droits de l'homme soient intime-
ment inhérens à la nature de chacun ; il est
faux qu'on ne pourrait obtenir les biens de
la société sans que chacun fasse administrer
en commun son esprit, sa volonté et sa force ;
il est faux que quelque fin oblige les individus
à faire administrer l'esprit, la volonté et la
force de chacun en commun ; il est même
faux que l'unique fin qui les obligerait à faire
administrer de la sorte quelqu'un de leurs
vrais droits, soit d'obtenir vaguement les biens
de la société. L'on peut donc rejeter tous
ces prétendus principes, et se conduire selon
d'autres idées, sans qu'il en résulte que le
peuple peut justement anéantir le pacte social
et reprendre ce que notre auteur appelle le
sien ; car il est faux que par le contrat social,
on acquière ce qui appartenait à la personne
morale ou factice du peuple ; il est faux qu'en
vertu de ce contrat, le souverain adminis-
trât quelque chose au nom de cette personne
factice.

N'ayant jamais rien reçu de la nature, pas
même l'être, elle n'avait jamais pu charger
le souverain de rien administrer, en son nom,
pour sa félicité. Cette personne morale n'ayant

donc jamais rien confié au souverain, elle n'a nul droit de lui retirer aucune chose pour en investir quelqu'autre être. D'où viendrait donc un tel droit à la personne morale du peuple ? Qui l'a établie juge entre le souverain et tous ses sujets sans exception ? C'est ce qu'il faudrait établir et prouver avant d'être en droit de dire : *Faites que toute cette manœuvre ne serve qu'à en rendre les auteurs malheureux, en en déjouant les espérances, et vous verrez que la manœuvre se défait par soi-même, que le peuple peut justement reprendre le sien, ce qui s'administrait en son nom et uniquement pour sa félicité, et en investir un autre avec de meilleurs auspices.*

Je ne saurais voir en cela que la chose qu'il faut prouver, et nullement la raison qui prouve que *le peuple* peut justement en user ainsi. J'ai au contraire prouvé qu'il n'en a pas le droit, qu'il n'est ni le juge naturel, ni le juge compétent de la validité de l'exécution du contrat social entre son souverain et lui. Étant l'une des parties contestantes, il ne peut être à la fois juge et partie dans la contestation. Donc il n'y a pas un mot de vérité dans le XIX.ᵉ §. de M. Spédaliéri.

F 6

En vain nous dit-il qu'il n'écrit pas pour flatter les princes ; il ne ferait en cela que tout ce que tout écrivain doit faire. Mais pour éviter ce vice, il n'est pas besoin de se jeter dans le vice contraire, de faire une chose sans doute beaucoup plus lâche, de flatter la basse et l'orgueilleuse iniquité des populaces. Eh ! que fait-on qu'aduler l'iniquité du peuple, lorsqu'on lui assure qu'il a des droits qui ne lui appartiennent réellement pas ?

Non : encore une fois, le peuple n'a dans nul cas, le droit de se porter juge entre son souverain et lui. Je l'ai prouvé, et c'est un orgueil intolérable d'*oser dire qu'on a consulté la pure raison en établissant qu'il a ce droit.* M. Spédaliéri l'a au contraire tourmentée dans tous les sens, sans pouvoir parvenir à établir la réalité de ce prétendu droit. Quoiqu'il ne l'ait point prouvée, quoiqu'il lui soit même impossible de prouver son existence, l'horreur de l'immoralité des conséquences dont il serait suivi, n'a pourtant pu l'engager qu'à lui donner des modifications et à le restreindre entre des limites dans lesquelles il le suppose renfermé par la raison. Mais comme dans la vérité du fait elle n'entre pour rien, ou que pour bien peu de chose, dans tout ce que cet auteur a dit, examinons encore ses modifications.

1.re *Modification.... Avant toute autre chose, dit-il, la raison veut que l'on fasse attention à la quantité du mal provenant au peuple par le prince.* Mais est-ce bien là la première chose que la saine raison veut à cet égard ? Ne veut-elle point avant, ou pour le moins en même temps, qu'il n'appartienne qu'à un juge compétent et légitime d'examiner cette quantité de mal, et de décider de sa suffisance ou de son insuffisance ? ne veut-elle pas aussi que la juste compétence de ce juge et sa légitimité soient tellement reconnues et avouées de tous, que personne ne puisse à bon droit, ni le récuser, ni l'accuser d'injuste partialité ?

Oui, sans contredit, *chaque léger mal, chaque faute, chaque infraction des pactes contenus dans le contrat n'est pas suffisante pour le dissoudre ; les seules infractions qui en détruisent totalement la substance peuvent avoir assez de force pour les annuller :* et c'est précisément à cause de cette différence entre les diverses infractions possibles, qu'avant que la dissolution du contrat puisse être légitime, ment et justement prononcée, il faut un juge compétent pour décider du vrai degré de force appartenant réellement aux maux dont le peuple se plaindrait, et qu'il accuserait son souverain de lui faire. Mais ce juge, qui est-il ? qui est-ce qui prouve qu'il doit être la personne morale de ce peuple lui-même ? M. Spédaliéri se trouve dans l'impuissance de nous le dire. C'est pourquoi, moi simple individu d'un peuple, je récuse la personne factice du peuple. Je conteste à cet être collectif et imaginaire, tout droit et toute compétence pour juger une telle contestation. Car il ne tient aucun droit de la nature, l'on ne montre aucun contrat social qui les lui attribue en termes exprès, et la raison elle-même les lui interdit, puisqu'elle n'admet, ni qu'on soit cru dans sa propre cause, ni qu'on y soit à la fois juge exclusif et partie.

2.*e* *Modification....* En voulant, en second lieu, que *cela ne se décide pas sur des preuves douteuses, sur des faits équivoques, par des opérations passagères, et en avouant qu'il est nécessaire que la chose soit évidente, inniable, et que le souverain montre une volonté obstinée,* M. Spédaliéri fournit de ses propres mains la preuve qu'il ne saurait appartenir au peuple de décider lui-même cette contestation. Car il exige par là que le peuple prouve la vérité des faits, dont il accuserait son souverain ; d'où il suit que le témoignage du peuple et la connaissance qu'il a par lui même de ces faits ne sont pas la preuve suffisante et nécessaire, d'après laquelle la contestation doit être jugée contre les dénégations du souverain ; ce qui est dire que les témoignages de tous les sujets sont insuffisans pour infirmer, par eux seuls, les dénégations de leur souverain. Et en effet, si le peuple accusait son souverain, témoignait ensuite contre lui, et le jugeait enfin sur sa propre accusation et sur son propre témoignage, ne serait-ce pas l'une des plus monstrueuses choses qu'il y ait au monde ? La saine raison ne saurait donc admettre que le peuple, qui n'est en soi que la somme totale de tous les sujets d'un souverain quelconque, soit à la fois et partie plaignante contre son souverain, et témoin contre son souverain, et juge compétent entre son souverain et lui-même.

3.ᵉ *Modification....* M. Spédaliéri avoue en troisième lieu, comme malgré lui, *qu'on doit*

*légalement déclarer que le contrat s'est déjà
dissous par lui-même.* Or je dis qu'il fait cet
aveu comme malgré lui, parce que s'il est
nécessaire qu'il soit, ou déclaré, ou jugé que
le contrat est dissous, c'est une preuve qu'il
ne l'est pas par lui-même. S'il eût été dissous
par lui-même, il n'aurait plus besoin d'être
annullé par un jugement, ou une déclaration
légale. Ce jugement dissolutif n'est donc nécessaire, que parce que la dissolution ne s'o-
père vraiment point par le contrat lui-même.
Or je n'ai pas cessé de le répéter.

Mais puisqu'enfin l'adversaire m'accorde
que le contrat social ne doit être dissous que
par un jugement légal, encore une fois donc,
quel est le juge compétent pour prononcer ce
jugement, ou cette déclaration légale, comme
on voudra le nommer? Je crois avoir déjà
bien prouvé que ce ne peut pas être la personne morale du peuple, et néanmoins je vais
encore tâcher de le prouver une seconde fois,
par M. Spédaliéri lui-même, malgré qu'il
avance et prétende le contraire.

Nous sommes d'accord qu'*avant la déclaration* qui prononcerait légalement la dissolution
du contrat social, *il n'est permis à personne*

de se soustraire à l'obéissance du prince , ou
de lui désobéir. Nous sommes aussi d'accord
que *le droit de faire* légalement *une telle déclaration n'appartient à aucune personne privée* , ni *à la réunion de quelques-uns* , ni
encore *à la multitude* des sujets. Or de ce
principe que M. Spédaliéri m'accorde avec
raison , je conclus précisément que le droit
dont il s'agit n'appartient pas non plus à tous
les sujets du souverain , sans exception. En
effet , leur masse totale ne saurait avoir que
les mêmes droits que chacune de ses parties
intégrantes avait en soi-même et pouvait lui
communiquer. Cette masse n'a reçu nul des
droits qu'aucun de ses individus n'avait par
soi-même , parce qu'aucun d'eux n'a pu lui
communiquer ce qu'il n'avait réellement pas.
Par conséquent puisque le droit de faire légalement la déclaration en question n'appartenait ni à aucun particulier , simple sujet du
prince , ni à la réunion de quelques-uns, ni à
la multitude , nul individu , nulle corporation
partielle des sujets n'a pu l'introduire parmi
les droits de la masse totale des sujets. Cette
masse totale n'a donc reçu d'aucune de ses
propres parties intégrantes , d'aucun de ses

membres, nulle espèce de droit à déclarer légalement la dissolution du contrat social. Donc, même d'après l'aveu de l'adversaire, le droit de faire une telle déclaration n'appartient point au corps de tous les sujets du prince, à la personne morale, ou factice du peuple.

Cette incontestable conséquence ne saurait être invalidée par cette nouvelle assertion de M. Spédaliéri : *Ceci est droit de tout le corps et est cette portion de souveraineté qui étant de nature incommunicable reste perpétuellement inhérente dans le corps.* Car il est faux que le corps factice du peuple ait des droits à lui, qu'il ait immédiatement reçu de la nature. Il n'en a pas un seul, qui ne lui ait été communiqué par chacun de ses individus, et ceux que chacun de ses individus ne lui donna pas explicitement sur soi-même et sur sa propre postérité seulement, il ne les a sur personne, ni en aucune manière.

Il est d'ailleurs si faux que le corps du peuple ait *une portion de souveraineté de nature incommunicable,* que par les lois de la nature chaque homme est indépendant de tous les autres, et nul homme, ni nulle corporation d'hommes n'a d'autorité ni de souveraineté légitimes sur aucun homme. Il suit de là que quand bien même il serait vrai qu'il y eût une portion de souveraineté de *nature incommunicable*, il serait encore faux qu'*elle demeure perpétuellement inhérente dans le corps;* parce que le corps n'ayant que ce que les individus ont bien voulu lui donner, le pouvant, tout ce qui serait *de nature incommunicable* devrait nécessairement rester dans chaque individu, qui, par cette hypothèse, était dans l'impuissance de le communiquer au corps. Donc le corps n'a aucune *portion de souveraineté de nature incommunicable*, ne pouvant même rien avoir de ce qu'on ne lui aurait pas expressément communiqué.

Il est très-certain qu'on ne peut pas dire qu'un particulier, ou que quelques-uns unis de sentiment constituent tout le corps. Il n'est pas moins certain qu'*une telle prétention ne pourrait pas être accordée à la multitude,* parce que, dit M. Spédaliéri, *ce nom ne dénote que beaucoup d'individus, mais sans lien d'union.* Donc, suivant lui-même aussi, beaucoup d'individus ne peuvent former une personne morale qu'autant que des liens d'union les assemblent en un seul et même corps,

Mais quel autre lien que celui des conventions positives du contrat social de tous ces individus, est-il capable d'un tel effet ?

Voilà donc ce qu'il faut pour qu'une multitude d'individus fasse un vrai corps; des conventions positives entre tous ces individus, par lesquelles chacun donne et communique à la personne factice de ce corps les seuls droits qu'il lui est licite de prétendre en sa qualité de vrai corps. Faute de conventions positives, dans lesquelles chaque individu lui aurait donné, par clause expresse, les droits qu'il prétend avoir, ces droits ne lui appartiendraient point, et le corps du peuple, ou ses soi-disans représentans, ne sauraient jamais les exercer qu'injustement et d'une manière illégale.

Lorsque, dans son contrat social, la personne morale d'un peuple n'a pas littéralement reçu de chacun de ses individus les droits qu'elle prétend exercer, vainement dirait-on alors, qu'elle fait vrai corps, *puisque tous les magistrats, tous les ordres des citoyens, les personnes illuminées, probes et non sujettes à l'impulsion du moment, consentent.* Ce consentement ne peut pas suppléer le silence du

contrat social primitif. Il ne peut pas donner
au corps de toutes ces personnes consentantes
ce qu'aucune des clauses expresses de ce contrat primitif ne lui donne.

Les magistrats ne sont nulle part que les simples officiers du souverain. Aussitôt que cessant
d'être ses simples organes, ils se retournent
contre lui-même pour voter, comme simples
sujets, parmi les autres simples sujets de leur
souverain, la magistrature dont ils étaient précédemment revêtus ne leur donne plus aucun
droit. Elle se tait alors, et leurs suffrages,
comme membres de la personne morale du
peuple, n'ont pas plus d'autorité que ceux
des derniers et plus privés des citoyens. Quant
aux personnes probes, elles cessent de l'être
et n'existent plus alors qu'elles agissent sans
droit et contre le droit d'autrui. C'est pourquoi le consentement de tous les magistrats,
de tous les ordres, de toutes les personnes
éclairées et probes ne contribue pas plus à
former le vrai corps du peuple que celui des
autres individus. Il ne communique pas plus
d'autorité légitime à ce corps, que ne lui en
procurent les suffrages de ceux de ses individus, qui ne furent jamais revêtus d'aucune

magistrature , qui croupirent toujours dans la plus grossière ignorance , et qui même ne jouirent jamais de la réputation d'une probité à toute épreuve.

Le vrai corps du peuple ne reçoit pas plus de droits et d'autorité de l'un de ses membres, quel qu'il soit , que de chacun des autres. Avant de s'associer , ses individus avaient tous les mêmes droits. En s'associant ils n'ont tous aliéné que chacun une même portion de leurs mêmes anciens droits personnels. Après leur association , chacun a conservé pour lui seul , les mêmes anciens droits que chacun des autres a aussi conservés. Aucun d'eux n'a aliéné la portion de ses propres droits primitifs que nul des autres n'aliéna pour soi-même. Aucun d'eux n'a plus le droit d'exercer la portion de ses droits primitifs , qu'il a aliénée par le contrat social , et cette portion de mêmes droits , également aliénée par tous , ne peut plus être légitimement exercée que par la seule personne à qui l'aliénation en fut textuellement faite par le contrat social.

Si cette personne n'est pas la personne factice du peuple , celle-ci n'a pas plus le droit de les exercer en corps , que chacun de ses individus en particulier. Il suit de là que ; lorsque les individus n'ayant rien aliéné par leur contrat social à la personne du peuple, on voudrait qu'alors le corps du peuple pût exercer les droits individuels de chacun de ses membres, aucun de ceux-ci n'aurait qualité pour exercer ceux de quelqu'autre individu, parce que le contrat social ne conserve à chacun ses propres droits non aliénés, que pour lui seul. Il les conserve de même à chacun des autres pour soi-même seulement. Donc il est faux qu'à l'égard des droits qu'aucun individu n'aliéna jamais, *il ne soit pas nécessaire que tous les individus concourent, tellement qu'en manquant un seul ou peu, l'acte est nul.*

L'avis du plus grand nombre ne saurait au contraire obliger le plus petit, parce qu'un milliard d'individus n'a nul droit d'aliéner, ni de léser les droits qu'un seul a reçus de la nature et s'est ensuite réservés par le contrat social. En matière d'actions, et de droits, et de pratique, il n'existe que des êtres réels, et l'on n'y admet pas la dénomination insignifiante *d'un tout moral.* Une certaine personne réelle, ou cette personne factice a-t-elle vraiment sur tels et tels individus, les droits qu'elle prétend exercer sur chacun d'eux ? Voilà la seule question qu'il y faille préalablement examiner.

Si ces droits lui sont vraiment acquis par un titre positif, il est juste et légitime qu'elle les exerce. Mais s'ils ne lui sont acquis par aucun titre positif et textuel, alors il est injuste, il est illégitime, il est vexatoire, il est nul et tyrannique, qu'elle les exerce, et quiconque veut l'en empêcher, quoi qu'il fasse dans cet objet, quelque moyen qu'il y emploie, il ne fait en s'y opposant de toutes ses puissances, que ce qu'il a le droit incontestable de faire. Car la majorité d'un peuple n'a le droit d'exercer sur sa minorité, que la seule autorité que lui donna sur soi-même chacun des individus de cette même minorité ; en sorte que partout où, par le pacte social, c'est-à-dire par les vraies lois fondamentales de l'état, nul individu ne donna sur soi nulle espèce d'autorité quelconque à la majorité des autres, celle-ci ne peut légitimement rien prescrire à personne.

Du reste, j'ai prouvé qu'en aucun cas, la personne morale ou factice d'une nation n'é-

tait

fait l'une des parties contractantes de son contrat social. Ce contrat ne se fait qu'entre les individus, chacun pour soi-même, et le souverain qu'ils se donnent d'un consentement unanime. Donc il est faux que ce soit *chaque nation qui se donne soi-même la constitution fondamentale qu'elle insère dans le contrat*, que M. Spédaliéri suppose à faux *qu'elle fait avec la personne qu'elle veut élever au principat*. Il est même faux que ce soit la personne morale de la nation qui *élève cette personne au principat*. Elle n'y est élevée que par les individus avec lesquels elle contracte individuellement. Ce n'est qu'avec ces individus seuls, qu'elle stipule les conditions essentielles de l'aliénation que chacun lui fait; conditions de l'ensemble desquelles se forme l'acte de la constitution fondamentale de l'état (*). Or s'il est faux que ce soit avec la personne morale de la nation, que ces con-

____

(*) Je crois devoir observer ici, pour l'utilité des gens chez qui les noms tiennent lieu des choses, et qui plaçant toujours les choses dans leurs noms, ne veulent jamais les séparer des mots qui ne sont point elles et ne les font point; je crois, dis je, devoir observer pour cette espèce, que la constitution de l'état

ditions essentielles sont stipulées et contractées, à plus forte raison l'est-il aussi, que la
personne morale de *toute nation cultivée* (colta)
*forme toujours un corps, ou soit un collége
pour ainsi dire immortel, qui représente d'une
manière permanente tous les individus.* Un tel
corps, ou collége, ne peut avoir d'existence
légitime que dans les seuls états où, par clause
expresse du contrat social, il a été originairement convenu entre le souverain d'une part,
et tous les sujets d'une autre, qu'il pourrait
être formé des individus à qui chaque section
déterminée des sujets donnerait sa procuration
portant pouvoir de stipuler pour elle et en
son nom ses intérêts. Il ne peut de plus exercer légitimement que les seuls droits qui lui
sont littéralement attribués par les clauses
positives du contrat social.

Partout où ce contrat n'établit pas un tel
collége, il n'y saurait avoir qu'une existence
illégitime, bâtarde et nulle, et tout ce qu'il y

---

et l'acte de sa constitution, ou son acte constitutionnel,
sont très-différens l'un de l'autre. La constitution d'un
état est dans l'état lui-même, et son acte constitutionnel n'est jamais que sur du papier. Or un papier écrit
n'est point l'état, ni l'un des membres de l'état.

ferait sans y être autorisé par clause expresse des anciennes lois fondamentales de l'état, ou du pacte social entre le souverain et tous ses sujets, est nul de plein droit.

De plus, dans les pays où un tel corps aurait une existence légitime, ses membres ne sont chacun que le simple procureur fondé d'un nombre connu des simples sujets du souverain de l'état. Nul d'eux n'a d'autre pouvoir que ceux que ses commettans lui ont confié, chacun pour soi, dans l'acte de la procuration qu'ils lui ont remise. Ces pouvoirs ne lui donnent aucune autorité sur nul de ses commettans ; parce qu'il est contraire à la nature de toute procuration que le commettant soit subordonné à son commis, au fondé de ses pouvoirs. Ils ne lui donnent non plus aucune autorité sur les individus de l'état, qui ne sont pas au nombre de ses commettans particuliers, parce que tous les sujets d'un même souverain étant aussi indépendans les uns des autres que dans le pur état de nature, et chaque procureur fondé n'ayant et ne pouvant avoir que ce que ses propres commettans avaient personnellement le droit de lui confier, ceux-ci n'ont pu l'investir sur personne, d'une autorité qu'ils n'avaient eux-mêmes pas.

Il suit de là, qu'outre que les mandataires des sujets n'ont, en corps et séparément, d'autres légitimes pouvoirs que ceux que chacun de leurs commettans leur a explicitement donnés par la procuration dont chacun est pourvu, il ne leur est licite d'opérer aucune des choses que leurs commettans eux-mêmes n'ont aucun droit de faire. Ainsi le corps de tous les sujets d'un souverain quelconque n'ayant reçu de nul titre positif, le droit de juger entr'eux et ce souverain, le corps de leurs mandataires, ou procureurs fondés, ne saurait non plus avoir un pareil droit. Ce dernier corps, je le répète, ne peut opérer légitimement rien de ce que le corps de tous les sujets, sans exception, n'a nul droit de faire.

Si le corps des procureurs fondés des sujets se permettait des actes auxquels nul de ses membres n'est expressément autorisé par son propre mandat, ou s'il se permettait d'exercer une autorité suprême, soit sur la personne du légitime souverain, soit sur celle de quelqu'un de ses sujets, c'est-à-dire, de quelqu'un de leurs commettans, alors il ne serait plus qu'un vil usurpateur, qu'un infâme tyran, dont tous les actes sont illégaux, illégitimes et frappés de la nullité la plus radicale.

En nul des états où l'indépendance originaire de chaque individu ne fut jamais aliénée, ni à la personne factice de tous les autres individus de l'état, ni à la personne factice de plusieurs individus, les actes d'une corporation des simples mandataires, ou simples procureurs fondés des sujets, ne sauraient avoir ni force de loi, ni force de jugement légal ; parce que dans ces états la puissance législative et le pouvoir judiciaire n'appartiennent qu'à la seule personne à laquelle le contrat social a transporté l'indépendance primitive de chaque individu, avec son droit originaire de se faire par soi-même justice des autres. Donc il est faux que le corps des simples mandataires des sujets, ou, si l'on veut, que le corps des représentans des sujets puisse faire une déclaration légale, lorsqu'il se permettrait de prononcer que le contrat social qui, d'un côté, liait les sujets entr'eux et au souverain, et d'un autre côté, le souverain à ses sujets, est dissous.

Une telle déclaration de sa part serait attentatoire aux droits et aux intérêts de chaque

membre du corps social , parce qu'elle le re-
mettrait dans le pur état de nature. Elle le
priverait de tous les droits et avantages qui
lui étaient légitimement acquis par l'ancien
pacte social , lequel ne peut être dissous de
sujets à souverain , sans l'être en même temps
de sujet à sujet. Elle serait en outre le plus illégal
de tous les actes , parce que les procureurs fondés des sujets n'ont le droit de rien faire à cet
égard , sans l'expresse autorisation de l'unanimité des sujets , et parce que l'unanime volonté
de tous les sujets sans exception , est elle même
incompétente pour annuller , détruire , changer et modifier le contrat social , contre le
libre consentement et la volonté de leur
souverain.

Par la même raison qu'il a fallu que la libre
volonté du souverain concourût avec la libre
volonté de tous ses sujets sans exception, pour
former ce contrat , il faut encore , pour le
dissoudre légalement et en effet , le même concours libre de toutes ces volontés respectives.

Il ne saurait donc appartenir à la volonté
de tous les représentans des sujets de dissoudre
vraiment le contrat social avec leur souverain , et ce contrat subsiste toujours malgré

toutes les déclarations contraires qu'ils pourraient faire de leur unique chef. Car les pouvoirs du corps des procureurs fondés, ou mandataires des sujets, ne s'étendent pas plus loin que ceux de chacun de ces sujets eux-mêmes. Ils se bornent à la pure faculté de contracter, ou de ne pas contracter, à leur choix, au nom des sujets, l'obligation d'exécuter les nouvelles lois, que le souverain projetterait d'établir, et lesquelles devraient, aux termes du contrat social, n'être obligatoires et exécutoriables qu'après le libre consentement des sujets par eux-mêmes, ou par leurs procureurs fondés.

Porter plus loin les pouvoirs du corps des mandataires, ou procureurs fondés des sujets, ce serait se précipiter très-follement sous leur despotisme, toujours beaucoup plus cruel que celui d'un seul. Car l'unique moyen d'éviter à la fois et le despotisme d'un seul, et le despotisme de plusieurs, et le despotisme de tous les autres, est de faire en sorte que la loi ne puisse jamais se faire, ni 1.º par la seule volonté de la majorité des individus, ni 2.º par la seule volonté du corps des procureurs fondés des sujets, prétendus par abus de raison

et de langage , les représentans de la nation ;
ni 3.º par la seule volonté du légitime souverain ; mais uniquement par le concours de la
libre volonté du souverain avec le libre consentement de ses sujets.

Partout où la loi ne doit pas être le produit
d'un tel concours, en pleine liberté de part
et d'autre , le gouvernement est despotique ,
quelle que soit d'ailleurs l'espèce de son souverain. Il serait de plus tyrannique , si l'auteur de ses lois ne tenait pas du vrai contrat
social le droit de les imposer. Car pour que
le droit de faire la loi, ou seulement celui de
concourir à sa formation soit réel, légal et
légitime , il faut qu'il ait été nommément acquis par l'une des clauses expresses du contrat social du peuple dont il s'agirait ; par où
l'on voit que quoique la force ne puisse rien
sur le droit , et quoiqu'elle soit naturellement
incapable de produire le moindre changement
au droit , il peut pourtant être très-faux *que
le vrai organe de la nation*, comme dit M. Spédaliéri , *subsiste toujours , vit toujours , et
qu'aussitôt qu'il peut s'assembler et délibérer ,*
la déclaration qu'il fait *est déclaration de la
nation.* Or je soutiens que cela est faux, parce

que la personne morale, ou factice, d'une nation ne peut avoir d'autre organe que celui
qui lui est donné par son vrai contrat social,
ou ses vraies lois fondamentales ; parce qu'elle
n'a d'autres droits que ceux qui lui sont littéralement donnés par ce même contrat; parce
que son prétendu organe ne peut faire aucune
autre déclaration, qui soit déclaration de la
nation, que celle où il exprimerait littéralement l'avis unanime, que tous les individus
de la nation, sans en excepter aucun, l'ont
textuellement chargé d'exprimer; parce que
l'assemblée et la délibération du vrai organe
de la nation, ne sont valides et légitimes,
qu'autant qu'elles se font en la forme et de la
seule manière réglée par le contrat social, ou
par les lois fondamentales de l'ensemble desquelles ce contrat se compose; parce que toute
délibération de ce prétendu organe, laquelle
porterait sur des objets et des matières sur
qui les lois fondamentales de l'état ne lui donnent aucune compétence, est illégale et nulle,
et que la force de cet organe et des compli-
ces de son injuste entreprise est incapable,
quelque grande qu'elle soit, de lui en accorder le droit; enfin parce que partout où les

lois fondamentales de l'état n'ont établi nulle corporation de mandataires des sujets , pour stipuler respectivement entr'eux , et conformément à leurs mandats , sur les intérêts réciproques des commettans particuliers de chacun d'eux , ainsi que pour contracter au nom des sujets avec le souverain , les nouvelles lois , la nation ne peut avoir ni représentans, ni mandataires légitimes , et toute personne qui oserait y prendre ce titre , ne saurait être qu'un vil usurpateur et un infâme tyran digne de mort.

4.ᵉ *Modification*..... M. Spédaliéri rend encore une espèce d'hommage à la vérité quand il veut, en quatrième lieu , *qu'on n'en puisse venir à la déclaration* que le contrat est dissous *qu'après avoir expérimenté l'inutilité de tous les moyens de la persuasion.* Car lorsque le souverain s'écarte de ses devoirs et ne tient point à ses sujets les conditions qui leur sont promises par le contrat social , tout ce qu'ils ont alors le droit de faire se réduit au respectueux emploi de tous les moyens de la persuasion et de la prière , qu'ils croient capables de le déterminer à se tenir renfermé dans les vraies limites que les lois fondamentales de

l'état apposent au juste exercice de sa légitime
autorité. De coupables factieux peuvent seuls
supposer et prétendre que ce moyen unique
peut devenir insuffisant, et qu'il n'est qu'un
trop faible remède au mal, que leur ambition
exagère toujours pour le faire servir de prétexte, en apparence plausible, à leurs injustes et criminelles entreprises. Mais tout homme
sensé, qui jugera combien le légitime souverain est lui-même intéressé à ne pas laisser
dégénérer en véritable injustice l'exercice de
son autorité, ne pourra s'empêcher d'avouer
que la rareté des cas, où ce moyen peut être
impuissant, fait qu'il y a toujours moins de
danger à s'en contenter, qu'à lui adjoindre
l'absurde et déraisonnable principe que les
sujets peuvent légitimement être à la fois juges,
témoins et partie dans leurs propres alterca-
tions avec leurs souverains. De tous les temps
tous les hommes jugèrent la cumulation de
ces trois titres sur une même tête tout-à-fait
intolérable dans les contestations des particuliers entr'eux. Comment ne serait-elle donc
pas inadmissible dans celles des sujets avec
leur souverain ?

M. Spédaliéri pourrait-il avoir le courage

de nier qu'en aucun cas, le corps des sujets ne peut être à la fois partie, témoin et juge contre son propre souverain, lorsque j'appuie cet incontestable principe sur le même motif dont il se sert pour prouver qu'*il faut avoir expérimenté l'inutilité de tous les moyens de la persuasion*, avant d'en pouvoir venir à l'extrémité dont je conteste le droit.

I. *Si dans les querelles privées, dit-il, la prudence observe certain ordre de moyens, et ne procède à l'extrême rigueur que quand elle y est astreinte par vraie nécessité, avec combien plus grande précaution ne doit-on pas procéder à une démarche qui sera l'annonce d'une terrible révolution, et qui peut, fût-elle juste, précipiter la nation dans des maux pires que ceux dont on voulait se délivrer?* Donc, de son propre aveu, l'on doit avoir plus de soin et l'on a plus d'intérêt à éviter dans les jugemens des contestations qui s'élèvent entre les sujets et leur souverain, tous les inconvéniens qui, dans le pur état de nature, se trouvaient dans ceux des différens des simples individus entr'eux. Et puisqu'on ne veut en aucun cas approuver que les individus soient à la fois juges et parties dans leurs propres

causes, l'on est encore plus intéressé à vouloir que jamais les sujets ne puissent être les
vrais et légitimes juges de leurs propres démêlés avec leur légitime souverain.

Non-seulement il se peut, comme le dit
M. Spédaliéri, 1.º que le prince erre de bonne
foi et ne plonge l'état dans la misère que
parce qu'il croit les moyens qu'il emploie
propres à le rendre plus heureux, et 2.º qu'il
soit trompé par quelque courtisan qui a acquis
de l'ascendant sur son esprit (*); mais encore
il est tout aussi possible (et peut-être davantage), que les sujets se trompent eux-mêmes
sur la qualité des moyens dont ils désapprou-
veraient leur souverain de faire usage. Il est
tout aussi possible et plus facile, qu'ils soient
eux-mêmes égarés, séduits et trompés par des
scélérats et des factieux, qui ne les font agir
contre leurs propres intérêts que pour usurper criminellement sur leur souverain et ses

-----

(*) Cet inconvénient n'est pas particulier à la monarchie seule. Il lui est commun même avec la démocratie la
plus entière, où le peuple est sans cesse obsédé de courtisans et des plus dangereux des courtisans. Aussi le
souverain de la démocratie est-il toujours le jouet, la
dupe et la victime des charlatans et des ambitieux.

imprudens sujets, des droits et une autorité qui ne leur appartiennent à nul titre légitime. Il se peut que les sujets aient tort d'accuser leur souverain d'avoir manqué à ce qu'il leur doit. Il se peut que les choses qu'ils lui reprocheraient soient fausses. Il se peut qu'elles ne soient point blâmables. Il se peut qu'elles soient au contraire louables, ou du moins excusables. Il se peut que l'injustice du démêlé qui s'élève entr'eux et lui, soit toute de leur côté, et la justice du côté du souverain. Il se peut qu'ils envisagent, et il leur arrive très-souvent de regarder comme un mal et comme condamnables, les mesures que le prince ne prend que parce que dans la vérité du fait elles sont les seules par lesquelles il soit possible d'éviter les inconvéniens naturels des circonstances où l'on ne se trouve placé que par la vicissitude ordinaire des choses de ce bas monde, qui toujours vont comme il plaît à Dieu, et jamais comme les hommes le désirent. Or toutes ces possibilités ne sont-elles donc pas autant de nouveaux motifs très-puissans pour vouloir que jamais, qu'en aucun cas, les sujets d'un souverain quel qu'il soit, n'aient, ni séparément, ni en masse, aucun droit de juger leurs propres causes entr'eux et lui ? La nature des choses leur interdit tout droit à cet égard, et nul pacte social ne leur en a jamais donné aucun.

A la bonne heure que lorsqu'ils se croient de justes griefs contre lui, ses sujets fassent parvenir leurs représentations et la voix de la vérité aux pieds du trône. La voie de la plainte, de la prière et des justes remontrances doit leur être toujours ouverte. C'est leur droit de pouvoir s'adresser toujours à leur légitime souverain pour en obtenir, soit tous en corps, soit chacun séparément, toute la justice qui leur est due. C'est le devoir indispensable de leur souverain de la rendre et de la faire rendre impartialement et avec la plus rigoureuse exactitude à tous et à chacun ; car il ne fut institué que pour cela. Aussi, comme le dit notre auteur, une foule de faits anciens et modernes prouvent-ils, que par cette voie, les sujets obtiennent sûrement ce qui leur est dû. Mais si leurs demandes ne sont pas exaucées, qu'ils se gardent bien d'imaginer que cela seul leur puisse donner le droit de vouloir juger entr'eux-mêmes et leur souverain. Rien ne leur donne celui de le condamner pour ses refus, et de le dépouiller des droits qui lui sont acquis par leur pacte social ; parce que s'il s'est trompé en croyant leur demande injuste, ou dénuée de fondement, il n'est pas impossible qu'ils se trompent eux mêmes de la croire juste et licite. A coup sûr, leur soulèvement contre l'autorité du légitime souverain leur sera plus funeste que la patience à tolérer son refus, et la sagesse de se désister de leurs pétitions. L'aveuglement naturel de chaque homme dans ses propres causes est pour lui le plus grand des fléaux. C'est par cette cause qu'il fait toujours du mal aux autres et à lui-même.

A Dieu ne plaise cependant que l'amour de la justice et de la vérité m'entraîne à ne contester aux sujets le droit, qui ne leur appartient réellement pas, de juger entr'eux et leur souverain, que pour favoriser les odieux penchans de ces monstres aussi malfaisans qu'un Tibère, qu'un Néron, qu'un Domitien, que quelquefois le ciel envoie dans sa colère aux nations pour les gouverner ! A Dieu ne plaise que, quoique je soutienne que même alors, le peuple des sujets d'un tel monstre n'a nul droit de le juger, ni de le dépouiller des droits qui lui sont acquis par le contrat social, je prétende aussi que ses sujets doivent souffrir patiemment ses injustices , qu'ils doivent lâchement plier leurs têtes sous le joug de tous les caprices de son iniquité ! Je n'admets point qu'afin d'éviter une extrémité vicieuse, il faille se jeter dans une extrémité opposée , mais également vicieuse. Entre l'indue violation de tous ses devoirs par un souverain et l'indue servitude de ses sujets, ainsi qu'entre l'injustice du souverain et l'iniquité des sujets, il est un vrai milieu, d'où la justice des procédés respectifs ne s'écarte jamais, ne doit jamais s'éloigner. C'est donc dans ce vrai point milieu, que doit se placer tout écrivain, qui traitant ces matières, veut dire la vérité toute pure. Car la vérité ne réside pas plus que la justice, dans les extrémités des excès opposés.

Voilà pourquoi je condamne également l'injustice des souverains envers leurs sujets et celle des sujets envers leur souverain. Une autre raison pour laquelle je conteste aux sujets le droit qui ne leur est pas textuellement acquis par leur contrat avec le souverain , de juger eux-mêmes entr'eux et lui, c'est qu'il n'y a rien de plus déraisonnable que de ne

se soustraire au despotisme d'un seul , que
pour se précipiter à corps perdu , et sous le
despotisme bien plus redoutable de tous ou
de plusieurs , et sous la vraie tyrannie des
plus factieux des rebelles , comme il arrive ,
et comme il arrivera toujours , lorsque les sujets ont la criminelle audace de se porter à la
fois parties , témoins et juges dans leurs propres causes contre leur prince. Ce jugement
est de leur part un acte tyrannique et despotique , qui ne sert jamais qu'à ouvrir les por-
tes de l'usurpation à des scélérats , lesquels
tyrannisent et despotisent ensuite , dans tous
les sens , leurs anciens égaux , devenus ainsi
leurs esclaves.

Mais , me dira-t-on peut-être , que faut-il
donc selon vous que les sujets fassent lorsqu'ils
ont le malheur d'avoir pour souverain un Tibère , un Néron , un Domitien ? — Ce qu'il
faut qu'ils fassent alors ?..... Se renfermer
chacun dans les justes limites de leurs vrais
droits et de leurs vrais devoirs, sans les excé-
der en rien , sans se permettre aucun injuste
attentat contre qui que ce soit. Car en nul
cas , l'injustice d'autrui ne justifie ni n'autorise
notre propre iniquité.

Il faut de plus qu'ils distinguent si leur contrat social donne au prince une autorité despotique, c'est-à-dire sans bornes ni limites, ou s'il ne lui donne qu'une autorité limitée et tempérée. Car chaque nature de gouvernement ne pouvant admettre que la nature des moyens qui lui conviennent, elle rejette comme injuste, quant à elle, toute nature de moyens qui ne conviennent qu'à une autre différente nature de gouvernement.

Ainsi, dans un état légitimement despotique, lorsque son prince est méchant, ceux de ses sujets qui ne veulent point être les victimes de sa férocité, n'ont rien de mieux à faire que de se renfermer très-étroitement dans les limites d'une vie absolument privée, de ne point s'ingérer ni directement, ni indirectement, des fonctions du service public, et d'en laisser les places aux vils ambitieux, qui seuls resteront justement exposés à la cruauté du prince. Car dans ces sortes de gouvernemens, la méchanceté du souverain n'est essentiellement funeste qu'aux serviteurs à gages ou salariés de l'état. Elle y est même la chose la plus salutaire pour les intérêts et les droits des simples citoyens. Ceux-ci ne sont jamais aussi à plaindre que lorsqu'ils vivent sous un despote d'un caractère débonnaire. Quelle maladresse n'y est-ce donc pas, à ceux qui n'entrent pour rien dans le service de l'état, d'épouser les mécontentemens des officiers du prince et des autres fonctionnaires publics, qui, pour l'ordinaire, ne murmurent et ne se plaignent de la méchanceté de leur souverain, que parce que son caractère gêne leurs honteuses passions et les empêche de s'abandonner impunément à leur désir de vexer ses autres sujets ! En général, plus les officiers du service public ont lieu de redouter pour eux-mêmes la colère et la sévérité du prince, plus est grande la sûreté des personnes privées qui vivent sous ses lois. Ces gens-là ne veulent un souverain incapable de se mêler des affaires, ou qui ne s'en mêle point du tout, qu'afin de pouvoir eux-mêmes vexer impunément leurs concitoyens. Voilà la vraie cause des éloges que les ambitieux nous font de la démocratie proprement dite. Elle est le plus despotique des gouvernemens, et ils espèrent qu'en y parvenant aux magistratures, il leur sera facile d'y tyranniser les autres, sous le nom d'un souverain factice, appelé le peuple.

et qui de sa vraie nature n'est capable que de tyranniser, ou de se laisser stupidement tyranniser.

Quant aux états dans lesquels le souverain n'a reçu du contrat social qu'une autorité tempérée et limitée, le prince n'y peut violer ses obligations du pacte social, qu'en substituant aux lois précédemment consenties par ses sujets, des lois nouvelles qu'ils n'ont point consenties, ni ne veulent consentir. Quel besoin les sujets y ont-ils donc alors de commettre eux-mêmes des injustices, de se livrer à des actes qu'ils n'ont aucun droit de faire, pour empêcher leur souverain d'outre-passer la juste mesure de ses droits ? Aucun ; puisqu'ils peuvent éviter tous les vrais inconvéniens en exécutant avec toute l'exactitude requise les lois déjà consenties, dans le même temps qu'ils se refuseraient tous entièrement, et chacun de son côté, à l'exécution de celles qui ne le furent jamais, et qu'ils ne veulent pas consentir pour l'avenir.

Les premières sont obligatoires, et ils ne peuvent, sous nul prétexte, se dispenser légitimement par eux-mêmes en seul, des obligations qu'elles leur imposent. Le souverain

ne peut pas lui-même les en affranchir et dispenser contre leur propre gré , ni sans leur
libre consentement. Mais des secondes , il
n'en résulte pour eux aucune vraie obligation,
quand iis ne les ont pas précédemment consenties, ou qu'elles ne l'ont pas été légalement
en leur nom. Donc ils peuvent , sans enfreindre leur pacte social avec le souverain , sans
attenter à ses droits , sans manquer à leurs
devoirs envers lui , sans agir et contre le droit
et sans droit à ce qu'ils font, refuser l'exécution des nouvelles lois que le souverain voudrait leur imposer et qu'ils ne jugent pas à
propos de consentir. Ce n'est point alors à
l'obéissance due qu'ils manquent, tandis qu'en
se prétendant faussement en droit de retirer à
leur souverain ce qui lui est acquis par son
contrat avec eux , ils ne sauraient qu'enfreindre ce contrat et l'anéantir d'une manière
illicite , nulle et criminelle. Qu'on lui obéisse
donc avec la plus inviolable fidélité, pour
tout ce qu'il est en droit d'exiger ; mais que,
sans manquer au respect et à ses devoirs envers lui , l'on n'exécute rien de ce que l'on
ne s'est réellement pas obligé de faire.

Mais si quelqu'un des fonctionnaires publics

au service du prince , et n'ayant sur ses concitoyens d'autre autorité légitime que celle
dont le souverain a pu légalement lui confier
l'exercice sous son nom , était assez ennemi
de son souverain pour trahir les vrais intérêts
de celui-ci , et pour blesser les droits des
sujets , jusqu'à tenter quelque inique moyen
de ramener à exécution des préceptes de rè-
glement , ou de loi , non encore consentis par
les sujets , qui loin de vouloir les consentir s'y
sont au contraire refusés , et ont expressément
supplié leur souverain de retirer le projet de
cette nouvelle loi ; qu'alors ce lâche et méchant serviteur du prince et de l'état paie de
sa propre tête son indue tentative. Rien de
plus juste que sa mort en pareil cas ; puisqu'en
outre-passant la juste mesure de la légitime
autorité de son souverain , il trahit et la personne et les plus vrais intérêts de son maître.
Il se rend en outre coupable de tyrannie envers ses concitoyens , en faisant des actes d'un
pouvoir que le souverain n'a pas pu lui déléguer et que nul individu n'avait le droit d'accepter , ni de s'arroger.

Certes avec un tel principe de sévérité
contre les vils instrumens d'un injuste despo-

lisme, seuls, il est impossible qu'un souverain abuse jamais de sa juste et légitime autorité. Car, sans les méchans conseillers qui lui suggèrent, et sans les perfides serviteurs qui exécutent de fausses et iniques opérations, que souvent ils exécutent d'eux-mêmes et à son insçu, le prince ne pourrait faire aucun mal. Eux seuls doivent donc être responsables de tout, et payer de leurs têtes tout ce qu'il y a d'illégal dans l'administration de la chose publique, puisque d'ailleurs le souverain, quel qu'il soit, ne leur a confié leurs emplois que sous l'expresse condition qu'ils en rempliraient toutes les fonctions selon les lois, et nullement au gré de leurs propres idées, et nullement dans un système qui n'a pu être légalement revêtu de la force des lois. Encore une fois donc, la personne et les droits de tout souverain doivent dans tous les cas imaginables jouir de la plus parfaite inviolabilité. Rien au monde ne peut autoriser les sujets à enfreindre, soit séparément, soit en masse totale, la loi de cette inviolabilité. Rien au monde n'est capable de les justifier et laver de l'avoir violée ; parce que c'est le plus lâche et le plus atroce des crimes que l'on puisse commettre dans l'état l'état civil. Il y est au niveau du parricide dans le pur état de nature.

Mais aussi, rien ne doit garantir de la peine de mort les perfides ministres d'un souverain, et leurs instrumens subalternes qui se sont vraiment permis des actes contraires au vœu des seules vraies lois de l'état, et des actes qui ne pourraient vraiment être autorisés que par des projets de nouveaux règlemens, qui jamais n'acquirent la vraie force de loi, qui jamais n'émanèrent du concours de la libre volonté du souverain avec le libre consentement des sujets, qui jamais ne furent et prononcés par le souverain et consentis par ses sujets, dans la forme et selon le mode établis et réglés par les anciennes lois fondamentales de leur état.

II. Ces principes sont plus vrais, plus certains, et sur-tout bien plus justes que les fausses assertions de M. Spédaliéri, et nommément celles où il a l'impudeur de s'énoncer ainsi : *Que fera le sujet dépouillé du principat ? voudra-t-il s'y maintenir par la force ? A la force la nation a droit d'opposer la force, et pourtant elle entreprend une guerre juste, et en guerre juste on peut licitement faire à l'en-*

nemi l'extrême des maux, quand un mal moin-
dre ne suffit point à sa sûreté. Peut-on, en
effet, entendre quelque propos plus scéléra-
tement faux, plus froidement criminel que
celui-là ? Abus de raison, abus de langage et
abus de mots, tout cela s'y trouve réuni.

Des sujets qui dépouillent leur légitime souverain commettent, quel que soit leur nombre, un des plus atroces crimes dont il soit
possible de se souiller. Il faut n'être doué que
d'une âme atroce pour oser louer un tel attentat, ainsi que pour prétendre, sur d'aussi
faibles motifs que ceux allégués par M. Spédaliéri, qu'ils en ont le droit. J'ai prouvé le
contraire.

Les sujets n'ayant donc aucun droit à dépouiller leur légitime souverain, les sujets ne
pouvant sans crime se porter à la fois, parties,
témoins et juges contre lui ; de plus, le souverain ayant le droit incontestable de punir
et faire punir ses sujets de toutes les injustices
et de tous les crimes qu'ils ont commis, sans
que nulle puissance humaine ait le droit de
le dépouiller de ce droit-là ; tout souverain
légitime, ou de droit, a dans tous les temps le
droit de punir par tous les moyens qui sont

en sa puissance les iniques attentats de tous
ceux de ses sujets qui se révoltent contre lui.
Donc il a le droit de se défendre par la force
contre toutes les indues entreprises que ses
rebelles sujets osent se permettre contre lui ;
mais ses sujets n'ont aucun droit de lui opposer leur force ; puisque chacun d'eux est obligé
par le pacte social de l'aider et seconder de
toutes ses forces et de tous ses moyens, en
tout ce qu'il aura besoin de faire pour le main-
tien du repos et de la sûreté de son état, de
sa personne, et de celle de chacun de ses
sujets.

Qui dit *nation* indique l'universalité des personnes unies en un seul et même corps politique par un contrat social. Otez de ce corps
un seul de ses membres, et ce qu'il en reste
ensuite n'est plus le corps entier, ni par conséquent LA NATION. Ainsi le souverain étant
l'une des parties essentielles et constitutives
de la nation, puisqu'elle ne se compose que
du souverain, d'une part, et du peuple d'autre part, il est faux que lorsque le souverain
est en opposition avec l'autre partie de la nation, cette dernière partie soit à elle seule la
nation. Par conséquent lorsqu'un souverain

lutte contre des sujets rebelles , qui veulent
le dépouiller de sa puissance souveraine, quoiqu'ils n'aient aucun droit à la lui ravir et ôter,
ni à se prétendre les légitimes juges de leur
propre cause contre lui , il est faux qu'alors
ce souverain emploie la force contre la nation.
Cela est sur-tout très-faux lorsque cette force
du souverain se compose en tout, ou seulement en partie , de la force physique de ses
fidèles sujets , divisés des autres.

Si cette division , qui s'est faite dans le seul
vrai tout appelé nation, et qui met, d'un côté,
le légitime souverain avec une portion de ses
sujets , c'est-à-dire avec les seuls de ses sujets
qui lui soient restés fidèles, et d'un autre côté,
tous ses sujets rebelles , qui veulent lui ravir
une puissance dont ils n'ont aucun droit de
le dépouiller ; si , dis-je , cette division dans
le tout appelé seul *la nation* , permettait de
voir dans quelqu'un de ces deux partis, la
personne morale de la nation , ce ne saurait
être que dans le parti du souverain légitime ,
ou de droit antérieur ; parce que ce parti seul
présente les deux plus essentielles parties intégrantes de tout corps politique de nation;
savoir, un souverain légitime et une somme de

sujets fidèles à leur légitime souverain , et aux clauses du vrai contrat social. Mais l'autre parti ne présente qu'une somme d'anciens sujets soulevés , révoltés contre leur vrai souverain , manquant à la fidélité qu'ils lui doivent , violant toutes leurs obligations de l'ancien contrat social , qui les liait à lui , ainsi qu'à ses autres sujets , et se prétendant injustement les juges de leur propre cause contre ce souverain et leurs co-sujets restés fidèles au prince légitime , de même qu'aux obligations du pacte social. Et ce ne serait cependant que dans ce dernier parti , que M. Spédaliéri aurait la scélératesse de vouloir faire résider l'être collectif de la nation ! loin , loin de nous un aussi coupable abus de raison et de langage ! Un , deux et trois écus de six francs ne sont point un louis d'or. N'appelons donc pas LA NATION, une seule partie fractionnaire du peuple , ou de la masse totale des sujets , révoltée contre son légitime souverain.

La personne morale d'une nation étant d'ailleurs anéantie et détruite par le même acte qui dissoudrait son ancien contrat social, lequel liant seul tous ses membres entr'eux, par le lien commun qui lie chaque sujet au légi-

time souverain établi par ce contrat , il est
faux qu'une portion fractionnaire des anciens
sujets de ce même souverain, quelque grande
ou nombreuse qu'on la suppose , soit cette
même personne morale. Donc il est physi-
quement impossible qu'un souverain , qu'une
grande partie de ses sujets voudrait dépouiller
du principat, emploie la force contre sa nation, lorsqu'il veut se maintenir dans la possession de tous ses droits, et la défendre par la
force. C'est donc très-à faux que notre auteur
sicilien l'accuserait alors d'opposer la force à
la nation. Il ne l'oppose au contraire qu'à une
somme partielle de ses sujets rebelles, agissant
sans droit et contre tout droit, pour le dépouiller injustement de ses légitimes droits.
Or cette portion rebelle de ses sujets n'étant
point du tout la nation, il est faux de dire
d'elle, après lui avoir prêté, par un pur abus
de raison et de mots , le nom de *nation*, qu'elle
a le droit d'opposer la force à la force. Car
cette rebelle portion des sujets ayant attaqué
son légitime souverain et les fidèles sujets de
celui-ci , lorsqu'elle a eu l'insolente audace de
déclarer , sans droit quelconque à faire un tel
acte , qu'il était déchu de ses droits souverains

et que le contrat social était dissous, ce ne sont point eux qui opposent la force à la force ; mais bien et uniquement leur légitime souverain et ses fidèles sujets. Ceux-ci ne font que se défendre contre l'injuste et coupable agression des autres, et ils en ont le droit incontestable, tandis qu'il est faux, et de toute fausseté, que la somme des sujets rebelles soit simplement sur la défensive. Elle n'est que la faction des agresseurs, n'ayant même attaqué les autres que par un acte qu'elle n'avait pas le droit de faire.

Donc, après qu'ils ont mis leur souverain et ceux des sujets qui lui restent fidèles, dans le cas et la nécessité de repousser leur injuste entreprise, il n'est pas permis de dire qu'en soutenant cette entreprise, ils entreprennent une guerre juste. Toute la justice de cette guerre ne peut au contraire se trouver que du côté du souverain et des sujets restés fidèles. Tout son odieux et toute son iniquité sont du côté des sujets, qui, par leur seul propre fait, se délient, contre le gré du souverain et de ses fidèles sujets, de toutes leurs obligations du contrat social. Ils sont tenus de ces obligations jusqu'à ce que leur légitime souverain

et tous ses ayant-droit et cause aient librement voulu les en affranchir. Tout le mal qu'ils
font, soit pour le contraindre à les délier de
leurs anciennes obligations envers lui, soit
pour le mettre hors d'état de pouvoir les leur
faire remplir, est illicite et les soumet à la
plus terrible des comptabilités devant les hommes et devant Dieu. Quel est en effet celui
des anciens membres de l'état, envers lequel
ils ne se soient pas remis comme dans le pur
état de nature ?

Il n'en est aucun qui ne soit alors rentré
dans le droit primitif de se faire par soi-
même justice de chacun d'eux, et qui ne
puisse légitimement exercer ce droit relativement à eux, jusqu'à ce que le souverain auquel il fut primitivement aliéné, ne soit plus
empêché par aucun injuste obstacle de remplir la condition sous laquelle l'aliénation lui
en avait été faite. Car il faut de deux choses
l'une,

Ou que le légitime souverain puisse exercer,
au nom de chaque offensé, le droit de punir
toute injure faite à cet offensé,

Ou que, s'il en est empêché par une force
majeure et indépendante de sa volonté, cha-

que offensé l'exerce par soi-même , jusqu'à cessation de cette force majeure et suspensive de la liberté du souverain.

4.ᵉ *Considération....* Pour dernière considération , M. Spédaliéri examine une maxime qu'il dit être célèbre et conçue en ces termes généraux : *Licet occidere regem tyrannum.*

Après avoir dit qu'elle est hautement recommandée par beaucoup , et hautement détestée par beaucoup , il déclare sans se gêner , qu'à son sens (de lui M. Spédaliéri) , les uns et les autres ont tort et ont raison , *puisque , dit-il , cette proposition trop vague et indéterminée , si on la divise en deux , il se trouvera que l'une est vraie et droite , et l'autre fausse et inique.*

Ne voyant cependant dans les quatre mots, dont est formée la prétendue maxime, qu'une seule proposition , je ne saurais concevoir qu'elle puisse se diviser en deux. Je conçois encore moins la possibilité d'une telle division , lorsque je considère qu'avant M. Spédaliéri je ne l'avais jamais entendue citer qu'avec ces trois mots seulement *licet occidere tyrannum.* Et certes ces trois seules paroles ne forment pas deux propositions , ni ne peuvent être divisées en deux phrases, à moins que par *diviser* on ne désignât ici une idée tout-à-fait différente de celle que ce mot est généralement destiné à faire entendre. Il paraît même que M. Spédaliéri ne l'emploie dans cet endroit, qu'en un sens qui n'a rien de commun avec sa signification ordinaire : car au lieu de faire une vraie division de la proposition dont il s'agit, il lui en substitue deux autres, dont la première est le simple commentaire de celle qu'il élimine, **et** dont la seconde n'en fait nullement partie. Lorsqu'on demande, en effet, *licetne occidere regem tyrannum*, qui pourrait juger qu'alors on demande *s'il est permis au corps de la nation de déclarer déchu un prince devenu tyran, c'est-à-dire qui ne veut pas se désister de l'ouverte violation des conditions du contrat, et de le tuer toutes les fois qu'elle n'a pas d'autre moyen de pourvoir à son salut ?* Certes **la** dernière de ces deux demandes contient la première et n'est point contenue en elle. Donc, ou M. Spédaliéri ne sait pas ce que c'est que diviser une proposition en deux, ou il se moquait de ses lecteurs en leur annonçant que celle dont il s'agit renfermait les deux phrases qu'il lui a substituées sous le titre de propositions.

Quoique je n'aie ici relevé ce tort, qu'afin de mieux prouver jusque par les plus petites choses, que le peu de solidité de l'esprit et du jugement de M. Spédaliéri ne mérite à ses écrits aucune espèce de confiance, je dois dire aussi que ce n'est point là le plus grave de ses torts dans cette partie-ci de son texte.

La proposition *licet occidere regem tyrannum* n'est vague et indéterminée que parce qu'on y accompagne le mot *regem* de l'épithète *tyrannum*, laquelle a deux sens bien différens. Or on ne marque pas assez distinctement en quel de ces deux sens divers elle y doit être prise.

Chez les Grecs et chez les Latins, le mot tyran ne s'employait jamais qu'au propre, et alors il ne signifie qu'un usurpateur de l'autorité souveraine ; c'est-à-dire, qu'une personne, soit physique ou réelle, soit factice ou morale, ou collective, laquelle usurpe une puissance qu'aucun légitime contrat social ne lui donne le droit d'exercer. Dans ce sens-là, *tyran* et *roi* sont inalliables, parce que qui dit ROI fait entendre un monarque légitime à

qui la puissance souveraine est acquise par le
légitime contrat social de sa nation ; mais qui
dit *tyran* ne fait entendre que l'injuste usurpateur de l'autorité souveraine. Or le légitime
souverain n'étant très-certainement pas un
usurpateur, il ne saurait par conséquent être
un tyran proprement dit.

Cependant, comme tout tyran, soit simple
comme un Cromwel, soit composé comme
l'être collectif d'une nation qui se prétend à
faux le souverain, ne se maintient dans son
usurpation que par l'injustice, le crime et la
cruauté, le mot tyran a par la suite du temps
été employé dans un sens figuré, pour désigner un prince injuste et cruel. Mais dans
ce dernier sens, il n'est plus le signe de la
même idée que dans son acception propre. Il
ne signifie plus au figuré, qu'une autre idée
toute différente, et de laquelle il n'est pas permis de dire ce qu'il serait permis de la première.

Distinguons donc scrupuleusement les deux
significations du mot *tyran*, et ne jugeons point
la proposition, *il est permis de tuer un tyran,*
avant de savoir en quel sens on y prend réellement ce mot.

Elle peut signifier, 1.° *il est permis de tuer*

l'usurpateur de l'autorité souveraine, et 2.º *il est permis de tuer un souverain qui use injustement et cruellement de sa légitime puissance.* En quelle de ces deux significations entendez-vous donc la proposition discutée ? Voilà la question qu'il faut examiner , avant de pouvoir juger si de part ou d'autre , vous avez tort ou raison.

Si l'on n'entend dire autre chose sinon, qu'IL EST PERMIS DE TUER TOUT INJUSTE USURPATEUR DE L'AUTORITÉ SOUVERAINE, TOUTE PERSONNE , SOIT PHYSIQUE , SOIT COLLECTIVE, QUI S'INGÈRE DE L'EXERCICE DE CETTE AUTORITÉ , LORSQUE NUL CONTRAT SOCIAL NE LUI EN A ACQUIS LE DROIT , LORSQUE CE N'EST POINT DU TOUT A ELLE QUE FURENT ALIÉNÉS LES DROITS PERSONNELS , DONT IL EST INDISPENSABLE QUE CHAQUE INDIVIDU FASSE L'ALIÉNATION , POUR POUVOIR ENTRER EN SOCIÉTÉ CIVILE ; dans ce cas là , seulement, tous ceux qui blâment ce principe ont tort et se trompent. Car il est pour lors incontestable ; parce que les usurpateurs n'ayant pas plus d'autorité sur les individus qu'ils tyrannisent , qu'ils n'en avaient dans le pur état de nature, et s'étant remis à l'égard de tous *ces individus*, comme dans cet état primitif, le seul fait de leur usurpation rend à chacun de ces mêmes individus la plénitude de tous ses droits naturels. Chacun d'eux a dès-lors le même droit d'en faire tous les mêmes usages qu'il lui était licite d'en faire sous le pur état de nature. Le nier, ce serait contester la justice et la légitimité de la loi du ch. 35 du livre des Nombres, et de quelques autres lois, tant de ce même livre que du Deutéronome, où Moïse ne constate le droit de tout individu à tuer le faux prophète qui lui proposerait d'aller servir des dieux étrangers, que parce que ce faux prophète usurpait vraiment l'autorité en proposant d'enfreindre le pacte d'alliance, et parce que par ce pacte d'alliance, que les Israélites firent dans Oreb et ratifièrent depuis sous Josué, nul d'entr'eux n'avait aliéné ses droits primitifs d'indépendance et de se faire par soi-même justice des autres. On ne pourrait d'ailleurs m'opposer ici la décision du Concile de Constance, dans laquelle il n'est en aucune manière question des usurpateurs de l'autorité souveraine, monstres dont aucun légitime concile n'a jamais ni voulu, ni dû, ni pu favoriser et protéger les iniques usurpations.

Mais si par les mots latins de la maxime en question, on entendait un légitime souverain, lequel abuse de son autorité pour n'en faire que des actes d'injustice et de cruauté ; ce serait alors le cas de se prévaloir de la décision du Concile de Constance. Ce Concile, en effet, n'envisagea la chose que sous cet unique point de vue. Il ne s'occupa nullement des criminels usurpateurs de l'autorité souveraine ; c'est-à-dire, des gens qui s'ingèrent de l'exercice de cette autorité sans que le droit leur en soit acquis par aucun titre légitime. Les plus simples principes de l'équité suffisent même pour prouver qu'il ne peut être permis, ni à un simple particulier, ni à l'être collectif d'aucun peuple, de tuer son légitime souverain, sur le prétexte qu'il a violé les conditions essentielles du contrat social. Ainsi la maxime en question est également fausse sous les deux seuls points de vue dans lesquels M. Spédaliéri a jugé à propos de l'envisager.

Il le prouve lui-même pour le premier, par des raisons victorieuses, dont il résulte incontestablement que nul individu *n'a, ni le droit de décider touchant l'infraction du con-*

trat, ni celui de décider du cas où serait nécessaire le remède de la mort.

Or de cela même que l'adversaire décide la
nullité de ces deux jugemens portés par un
sujet contre son prince, je conclus que la
maxime est encore fausse ET EXÉCRABLE
sous le second rapport que cet auteur lui
donne. Car le jugement prononcé par un peuple n'étant que la somme résumée des jugemens portés par chacun de ses individus l'un
après l'autre, il est évident que la nullité du
jugement personnel de chacun de ces individus, entraîne de toute nécessité celle de leur
réunion totale. Donc il est faux qu'*il soit permis au corps de la nation de déclarer déchu
un prince légitime devenu tyran, c'est-à-dire qui
ne veut pas se désister de l'ouverte violation des
conditions essentielles du contrat et de le tuer toutes les fois qu'elle n'a pas d'autre moyen de pourvoir à son propre salut.* Donc c'est une infâ-
mie et un acte de scélératesse dans M. Spédaliéri, d'oser réputer *vraie et droite* une aussi
abominable doctrine.

Il est faux que *les* soi-disans *principes* qu'il
prétend *en former la preuve, soient de si grande
évidence* que les déclamations et les sophismes

ne servent à autre chose qu'à la faire plus grandement briller. Lorsque je reviens sur tout ce qu'en dit ce méchant écrivain et que je le médite, je vois au contraire qu'en lui tout est sophisme et erreur évidente, mais qui n'a rien de brillant. En effet, un corps n'a, ne saurait avoir que ce qui appartient à ses membres ou élémens, et ce qu'on dit n'appartenir à aucun des individus d'un peuple ne saurait appartenir à tout le peuple. D'ailleurs, comme je l'ai déjà dit si souvent, un corps de nation, ou de peuple, n'a dans sa qualité de corps, que ce que chacun de ses individus a eu le droit de lui donner et lui a réellement donné. Or le droit de juger n'appartenant par les lois de la nature qu'aux seuls individus, chacun pour soi-même et pour ses propres causes seulement, ce droit ne peut être légitimement exercé, ou que par chaque individu seulement, ou que par la seule personne à laquelle chacun l'a réellement et expressément aliéné. Mais à qui chacun a-t-il vraiment fait cette aliénation indispensable pour la fin de l'association civile ? Voilà la question à résoudre avant tout.

Si ce n'est point au corps de la nation, ce

corps, cette personne factice, imaginaire, ou morale, n'a nul droit de rien juger.

Si tous les individus d'un même peuple ont aliéné chacun son droit primitif de se faire justice par soi-même, ce droit n'est plus resté à nul de ces individus. Il ne leur est plus loisible de l'exercer de leur propre chef, ni séparément, ni ensemble, puisque réunis, ils ne sauraient avoir aucun des droits dont il ne restait rien à aucun d'eux en particulier.

Après avoir aliéné son ancien droit personnel de juger soi-même en seul toutes ses propres causes, comme nul n'a jamais reçu de l'Auteur de la nature celui de juger les causes d'autrui, chaque individu de l'état civil ne saurait avoir le droit de juger en seul une cause quelconque, ou simplement le droit de voter avec d'autres hommes, et d'influer, dans le jugement de cette cause, qu'autant que de tels droits lui seraient explicitement acquis par un titre positif ; mais faute d'un pareil titre, ni le droit de voter en seul, ni celui de voter dans un jugement rendu en commun, ne saurait appartenir à nul homme.

Or voilà trois principes qu'on défie de détruire ; mais ils se réunissent en un faisceau

pour prouver invinciblement que nul peuple
au monde, n'a ni droit, ni qualité pour juger
son légitime souverain (*). Cela est même si
vrai, que par le contrat social de tout peuple,
son légitime souverain est devenu l'unique
propriétaire des droits primitifs que chacun
des individus de ce peuple a nécessairement
dû aliéner pour former un peuple ; or l'exercice du droit de faire justice est l'un de ceux
dont chaque individu s'est personnellement
dépouillé pour le transporter et aliéner à son
légitime souverain. Le droit de juger n'appartient donc pas au peuple en corps, ni à
nul de ses membres en seul, mais uniquement
à leur légitime souverain. Par conséquent,
rien n'est plus faux que le système que
M. Spédaliéri nous débite à cet égard. . . . .

. . . .

. . . .

(*) Il n'est pas de véritable honnête homme dans
tout l'univers, qui osât seulement songer à contester
ce principe. Il faut donc nécessairement en conclure,
que les individus qui votèrent et firent exécuter la mort
de Louis XVI, ne furent que ses infâmes assassins, et
des monstres qu'on ne saurait trop abhorrer. Ils sont
l'opprobre et doivent être l'exécration de tout le genre
humain.

===

SUR LE CHAPITRE XVIII.

Combien il est périlleux de vouloir changer le Gouvernement.

I.

M. SPÉDALIÉRI débute ici par un mensonge, qui est la suite nécessaire de tous ceux qui le précédaient dans son ouvrage. Il prétend avoir *exposé ce qui est de droit touchant la déposition du prince*; mais rien de ce qu'il avait dit à cet égard n'est vraiment *de droit*. J'ai au contraire prouvé contre lui, que l'universalité des sujets n'avait absolument aucun droit d'ôter à son légitime souverain, les droits qui, par leur pacte social, ne sont et ne peuvent être acquis qu'à lui seul.

Si M. Spédaliéri n'eût pas employé tous ses efforts pour détruire cette incontestable vérité; s'il n'eût pas mis tous ses moyens en œuvre, afin de lui substituer très-méchamment le plus faux, comme le plus pernicieux des principes, il eût pu s'épargner la peine de ce chapitre. Le sujet qu'il y traite ne saurait, en effet, fournir une seule considération, laquelle ne tendît point à prouver, combien il est faux que les sujets, ou qu'une seule portion des membres d'une société civile, aient, quel que soit leur nombre, le droit de changer le gouvernement, et de détruire leur dernier contrat social préexistant, contre le gré du reste de leurs associés. Les dangers d'une telle opération n'ont même d'autre cause efficiente, que l'injustice avec laquelle ceux qui veulent ce changement attaquent les autres dans la possession des droits qui leur étaient personnellement acquis par le contrat qu'ils tentent de détruire contre leur gré, et dont la dissolution anéantit tous les droits politiques et civils, non-seulement des individus qui ne veulent point de changement, mais aussi de tous ceux qui veulent changer le gouvernement.

En effet, chaque individu de l'état civil n'ayant sur les autres que les seuls droits qui lui sont personnellement acquis par le pacte social de sa nation, ou société, et nul n'ayant en outre, envers chacun des autres, que les seuls devoirs qui lui sont expressément imposés par ce même pacte, il est évident qu'au même instant où ce pacte est dissous et annullé, chaque individu de l'ancien corps social reste sans droits ainsi que sans devoirs politiques et civils : chacun de ces individus rentre et revient alors dans le même état où tous les hommes se trouvaient avant l'établissement de toute société civile ; c'est-à-dire, qu'au moment où le pacte social est dissous et enfreint pour changer un gouvernement, chacun de ses individus rentre dans le pur état de nature, reprend toute son indépendance primitive, et reste par le droit, le seul juge compétent et légitime de toutes ses prétentions et de ses propres causes, ne devant plus à nul de ses anciens associés, aucune des choses qu'il ne leur devait qu'en vertu du contrat social qu'ils veulent éteindre et anéantir.

Ainsi, puisqu'un gouvernement préexistant ne peut être changé sans dissoudre le contrat social, par lequel seul il se trouvait établi ; puisque de plus, la dissolution d'un pacte social détruit tous les droits et tous les devoirs positifs, ou civils, de toutes ses parties contractantes et de chacun de leurs ayant-fait et cause, le premier effet nécessaire et inévitable de cette opération est qu'elle éteint et anéantit tous les droits civils et politiques de chaque ancien membre de l'état, et sur-tout de ceux qui la font ; elle ne leur laisse plus rien à pouvoir légitimement exiger et prétendre d'aucun des autres. Mais quelle plus triste position , quelle plus grande démence que de s'y mettre volontairement soi-même ? quelle absurdité ne serait-ce même pas, de prétendre qu'on a le droit de vouloir se mettre dans un état des choses tel qu'il faudrait être au comble de la démence pour s'y placer volontairement ?

Si c'est donc le plus haut terme de la folie, que de vouloir se mettre soi-même dans une semblable position , combien n'est-il pas injuste , inique , criminel d'y entraîner forcément ceux qui ne veulent pas renoncer à l'unique titre fondamental des droits et devoirs positifs de chaque membre du corps social ? D'ailleurs, personne ne pouvant perdre ses légitimes droits que par un effet de son libre et volontaire consentement , il est toujours inique et répréhensible de dépouiller des siens quiconque ne veut pas les aliéner, ni consentir à la dissolution du seul titre positif d'où découlent, non-seulement ses droits ; mais aussi tous ses seuls devoirs envers autrui.

Toute injustice supposant nécessairement l'absence du droit, il est clair qu'une portion quelconque des individus d'une société civile n'a nul droit d'en dissoudre le contrat social, contre le désir et la volonté d'aucun de ceux des associés qui refusent de se prêter à cette dissolution. Il doit donc suffire qu'un seul individu s'y oppose, pour que tous les autres n'aient aucun droit de l'opérer à son égard, parce que, par le contrat social, chacun de tous les autres était personnellement obligé envers cet opposant, et ne pouvait être validement délié de ses propres obligations envers lui que par lui seul.

Du reste, la perte absolue de tous ses droits positifs étant sans contredit le plus grand des malheurs qu'un homme puisse subir dans cette vie, on a fait connaître le plus haut degré du mal qui se trouve à vouloir changer un gouvernement, lorsque l'on a dit que cette opération conduit de toute nécessité chaque individu de l'ancien corps social à un semblable résultat, inévitable pour chacun. C'est pourquoi je pourrais me dispenser de

suivre

suivre l'adversaire dans ses détails des moindres périls de cette même opération. Je serai donc assez succinct sur ce que j'en dirai encore.

2.

J'improuve la battologie des dénominations indéterminées et confuses, que M. Spédaliéri emploie en sens variables d'une ligne à l'autre, dans ses §§. II. et suivans jusqu'à XII. inclusivement ; mais les considérations qu'il y touche fournissent autant de motifs très-puissans pour convaincre tout homme juste, raisonnable et sensé, que, fût-il aussi vrai qu'il est faux, que les sujets aient le droit de changer le gouvernement, contre le consentement de leur souverain, contre sa volonté, comme contre celle du plus petit nombre d'entr'eux, l'intérêt de tous et de chacun serait néanmoins, qu'ils aliénassent sans retour ce prétendu droit, et qu'ils renonçassent pour toujours à son exercice, à cause de l'impossibilité physique où ils sont de ne pas en abuser très-injustement ; à cause de leur impuissance à éviter, chaque fois qu'ils l'exerceraient, de ne pas se précipiter, à leur

I

très-grand préjudice, dans tous les inconvéniens infinis et sans nombre, dont M. Spédaliéri reconnaît lui-même que son exercice
est le plus ordinairement accompagné.

Qu'est-ce que c'est, en effet, qu'un droit
que jamais on ne saurait exercer sans se nuire
et sans faire injustice aux autres, à soi-même,
à ses propres enfans ? — Une chimère ; un
néant ; une bizarre rêvasserie ; une ridicule
contradiction, puisque faire injure aux autres
et à soi-même, ce n'est ni le droit de personne, ni un droit.

Donc encore, aucune portion des membres
d'une société civile n'a le droit de changer le
gouvernement de cette société, d'en dépouiller
le souverain, d'en détruire le contrat social
contre le vouloir de ce souverain et d'une
autre portion quelconque des associés. Tous
ceux qui l'entreprennent sans le consentement
de leur souverain et de tous les autres individus du corps social, ont autant de tort
envers eux-mêmes qu'envers autrui, parce
qu'ils ne peuvent pas enfreindre les droits
des autres sans détruire en même temps tous
leurs propres légitimes droits, et sans donner
à tout autre, le droit incontestable et certain

d'en user en tout envers eux-mêmes comme ils en usent envers leurs adversaires.

Voilà ce que M. Spédaliéri reconnaît lui-même dans son §. XIII, lorsqu'il y dit : *Les liens du gouvernement rompus, on tombe aussitôt dans l'anarchie.*

Cela est incontestable. Mais on n'y tombe alors, que parce que le déchirement, ou la rupture des liens du gouvernement ne laisse plus à nul individu de cet état désorganisé, ni droit positif et certain sur aucun autre, ni devoir positif envers personne ; en sorte qu'alors chacun peut, sans crime et sans injustice, refuser à chacun des autres tout ce qu'ils voudraient exiger de lui, sans que le droit de l'exiger leur fût textuellement acquis par un légitime contrat social ; en sorte encore, que lorsque deux individus auraient quelque différent entr'eux, ils seraient sans légitime supérieur commun, et n'auraient plus d'autre légitime juge de leurs prétentions respectives et opposées que chacun soi-même et ses propres forces.

Mais si dans un tel état des choses, quelqu'homme, ou quelqu'être collectif, auquel l'ancien pacte social n'aliénait rien des droits

primitifs d'aucun individu, et auquel personne
n'aurait jamais rien aliéné de ses droits naturels par aucun légitime contrat social, se
permettait d'exercer l'autorité souveraine, il
ne serait qu'un injuste usurpateur d'autorité,
et il ferait succéder la vraie tyrannie à
l'anarchie.

3.

Cet usurpateur fût-il vraiment un être collectif, quand bien même il prendrait ce nom
LA NATION, cette double circonstance ne
changerait rien à la chose. Elle n'empêcherait
pas cet être collectif d'être un injuste et coupable usurpateur, UN TYRAN proprement dit;
car, quoiqu'il soit vrai qu'à la dissolution de
l'ancien pacte social, et lorsque le seul légitime souverain établi par ce même pacte, est
dépouillé des droits qui n'appartiennent et ne
sauraient légitimement appartenir qu'à lui seul,
la souveraineté rentre alors *dans sa source*, il
est néanmoins faux et très-faux qu'*elle rentre
dans la nation.*

Il est, en effet, très-faux que la nation soit
la source de la souveraineté. La personne
morale de l'être collectif d'aucune nation,

d'aucun peuple, la personne imaginaire et feinte d'aucun être collectif n'est le souverain naturel d'aucun individu ; parce que l'Auteur de la nature a fait chaque homme indépendant de tout être collectif, comme de tout autre homme ; parce que l'Auteur de la nature n'a créé nul être collectif ; parce que nul être collectif n'a, comme être, ou comme personne factice, d'autre source, d'autre lieu de son existence que l'imagination des hommes. Cela étant, comment un être purement imaginaire pourrait-il être la source d'une chose réelle ? — Par simple fiction. — Mais comme ce qui n'est que pure fiction n'est d'aucune valeur réelle, il n'est pas réellement vrai que des personnes imaginaires et purement idéales soient et puissent être la source de la souveraineté. Cette source ne saurait donc être autre que la volonté de chaque individu, qui, quoique naturellement indépendant de tout homme et de toute collection d'autres hommes, se décide et consent librement à aliéner son indépendance primitive à la personne à laquelle il lui plaît de s'assujettir et de se soumettre.

C'est pourquoi, puisque mon adversaire reconnaît et avoue que, *les liens du gouver-*

nement rompus, la souveraineté rentre dans sa source, il faut nécessairement en conclure que, de son propre aveu, elle rentre alors dans la volonté de chaque individu, qui, par ce moyen, redevient aussi indépendant et aussi dégagé de tous les autres individus, dont était composée la société dissoute, que dans le pur état de nature ; état dont chacun re-acquiert et reprend aussitôt tous les droits, et les conserve jusqu'au retour de l'ordre légitime ; c'est-à-dire, jusques à ce que le légitime souverain, ou son véritable ayant-droit et cause, soit rentré dans la paisible possession et jouissance de tous ses droits de l'ancien pacte social (*), ou jusques à ce que

---

(*) Voilà le cas où se trouvent en ce moment tous les Français. Chacun d'eux peut paraître le malheureux esclave d'un usurpateur de l'autorité ; mais il conserve, même dans les fers, tous les droits de son indépendance primitive, et ils n'appartiendront qu'à lui seul jusqu'à ce que Louis XVIII soit rétabli dans tous les droits que notre ancien pacte social n'attribue qu'à lui seul, et, après lui, à ses légitimes héritiers. Y renonçât-il même, cela ne changerait rien à la chose, parce qu'il n'est qu'usufruitier de ces droits. Ils ne sauraient tomber en déshérence tant qu'il existera des Bourbons, et cela, en vertu de la maxime *le Roi mort, vive le Roi,* et de celle *la mort saisit le vif.*

(*Note écrite au mois de juin 1815.*)

y ayant librement et volontairement renoncé,
il ait rendu à chacun de ses sujets le droit de
contracter légitimement de nouveaux engagemens sociaux.

Si durant cet intervalle, les individus pouvaient vivre paisiblement entr'eux et sans
commettre aucune injustice les uns à l'égard
des autres, ou s'ils observaient religieusement
les lois de l'équité naturelle, leur manière
d'être s'appellerait un nouvel état de nature,
à cause de leur indépendance mutuelle et
absolue de tout supérieur humain. Mais comme
la chose leur est malheureusement impossible,
lorsqu'ils n'ont aucun supérieur commun revêtu d'assez de puissance pour faire régner
la plus exacte justice parmi eux ; comme alors
chacun ne connaît plus d'autre règle que ses
propres caprices, d'autre mobile et d'autre
régulateur que ses propres passions, d'autre
mesure de ses désirs que ses propres désirs
eux-mêmes, d'autre juge de ses prétentions
que sa propre force et celle de ses amis et
partisans, d'autre devoir que celui de satisfaire à tout prix ses propres goûts et tout ce
qu'il croit être son intérêt personnel, l'intervalle qui sépare le déchirement des liens du

14

gouvernement et le retour du bon ordre, du seul ordre légitime des choses, s'appelle ANARCHIE, non à cause de l'indépendance absolue et mutuelle des individus, mais parce qu'au mépris de cette indépendance, chacun met tout en œuvre pour parvenir à dominer les autres, et à n'être soi-même dominé par personne. Voilà ce qui fait de cette manière d'être la plus insupportable des positions. Or c'est une autre preuve, que personne n'a le droit de s'y plonger soi-même, encore moins d'y précipiter les autres ; ce qui signifie que les sujets n'ont pas le droit de rompre et déchirer les liens du gouvernement contre la volonté de leur légitime souverain, ni même contre celle d'aucun autre de leurs anciens sociétaires. J'aboutis toujours à ce principe par toute sorte de routes.

Si M. Spédaliéri n'eût point voulu imiter ces débiteurs de mauvaise foi, qui n'appelleraient différentes collections inégales d'unités, que d'un seul et même nom, il est vraisemblable qu'il y eût toujours été nécessairement ramené comme moi. Mais si je lui devais un double louis, et que je prétendisse m'être entièrement acquitté de ma dette après lui avoir

remis trois écus de six francs, que j'appelle-
rais, moi seul, un double louis, sur le motif
qu'un double louis n'est qu'une réunion d'écus
de six francs, ou de livres tournois, et que
ce que je lui aurais payé forme aussi réunion
de pareils écus, ou de pareilles livres ; que
penserait-il de moi ? ne me regarderait-il pas
comme un impudent, comme un homme de
mauvaise foi ?

Quel que soit le jugement qu'il porterait de
ma logique en pareil cas, tout autre homme
doit le porter de la sienne, lorsqu'il fait le
raisonnement que je vais examiner sous mon
prochain numéro.

4.

Il dit, §. XV : *Pour si grande qu'on suppose
l'aversion des sujets contre le prince, celui-
ci a toujours un nombreux et puissant parti
attaché tenacement à lui, lequel, s'il est
contraint de céder à l'impétuosité populaire,
feint d'entrer dans les intérêts de lui ; mais
son vrai intérêt est celui de faire naître désordre de désordre, par quoi s'éveille peu à
peu le désir de remettre toute chose dans
l'ancien état, ou de faire affaiblir les forces*

I 5

du peuple , tant qu'il devienne facile de l'opprimer.

Certes, après avoir divisé l'universalité des sujets en deux grandes et fortes portions ; savoir,

1.º Celle des individus qui ont leur prince en aversion ,

2.º Celle des individus qui forment un nombreux et puissant parti tenacement attaché à leur prince, et faisant cause commune avec lui contre les mécontens ,

On n'a pas ensuite de meilleur motif d'appeler la première de ces deux portions *le peuple*, et ses forces *la force populaire*, que celui dont je me prévalais tout à l'heure, pour appeler trois écus de six francs un double louis ; car si pour mériter cette dénomination, il ne suffit pas que trois écus de six francs soient réellement une collection d'écus et de livres tournois , il ne peut pas non plus suffire, pour les appeler *le peuple* , que la multitude des sujets mécontens de leur souverain forment une vraie collection, ou une agrégation d'individus.

Ainsi que sept , six , cinq , quatre , trois écus de six francs, ou 42 , 36 , 30, 24 , 18

livres tournois; ne sont pas un double louis ;
de même le parti des sujets mécontens de
leur prince, et séparés ou divisés de ceux
qui lui restent fidèlement attachés, ne sauraient être *le peuple*. Ou que si l'on veut que
cette faction, ou ce parti soit *le peuple*, il
faut encore vouloir que l'autre parti le soit
aussi, et mettre tour à tour le peuple en
opposition avec le peuple.

Par ce moyen encore, je détruirai le système de M. Spédaliéri, parce que s'il dit de
l'un des deux partis, *le peuple a le droit de
changer le gouvernement*, je dirai de l'autre
parti, du parti opposé au sien, « le peuple
» ne veut pas changer le gouvernement, et
» si le peuple a le droit de le changer, il a
» aussi le droit de vouloir ne pas le changer.»
Or, comment sortir de cette cacophonie d'expressions, de cette anarchie d'idées contradictoires et opposées, si ce n'est pas seulement en ne donnant à nulle des deux simples
parties fractionnaires d'un même tout, le nom
du tout entier lui-même ? Par la même raison
qu'on refuse ce nom *le peuple* à la portion du
peuple, laquelle reste fortement attachée à la
cause, ou si l'on veut au parti de son sou-

verain, on doit le refuser également à l'autre portion de peuple ou des sujets, qui se divise et sépare de la première.

Alors toute la question se réduit, non à rechercher *si le peuple a le droit*, mais uniquement à examiner, si une portion quelconque d'une société civile a celui d'en changer et le gouvernement et le pacte social, sans le consentement et contre les vouloirs du légitime souverain, et d'une autre portion quelconque de la même société.

Voilà la vraie question qu'il fallait résoudre. Mais quoiqu'elle fût la seule qu'il eût été raisonnable, nécessaire, et même, sous un certain rapport, indispensable d'agiter, M. Spédaliéri ne l'a jamais discutée sous son vrai point de vue. Pourquoi ? C'est sans doute parce qu'il a toujours eu la mauvaise foi, ou, au plus favorable pour lui, la sottise (*) d'appeler trois écus de six francs un double louis.

Lorsque cependant on aura le bon sens de ne pas confondre les êtres ; lorsqu'on aura

______

(*) Je supplie qu'on me pardonne cette impolitesse. Je ne sais attribuer qu'à l'une de ces deux causes (la sottise ou la mauvaise foi), les fausses applications des noms ; car chaque chose qui diffère de toute autre me

celui de ne jamais identifier les choses différentes et de ne pas équivoquer de l'une à
l'autre ; lorsqu'on aura la bonne foi de ne pas
jouer ridiculement sur les mots et de se fixer
à l'unique nature de chacune des choses dont
il s'agit ; lorsque l'on saura s'arrêter à ce que
chacune d'elles est en soi-même, abstraction
faite et de tout ce qui n'est pas vraiment elle,
et de tout ce qui n'étant réellement pas en
elle lui est étranger ; enfin lorsque l'on aura
la justice de rendre à chacun tout ce qui
lui est légitimement dû, et d'avouer que les
droits d'un tout entier ne sont les droits particuliers d'aucune de ses simples parties fractionnaires, alors on verra très-clairement que
la fausse application des noms, et la faute
que je viens de reprocher à mon adversaire,
sont la vraie cause des maux sans fin, dont
tout corps politique sera nécessairement ac-
cablé, toutes les fois qu'une seule partie de
ses membres entreprendra d'en changer le

------

paraît avoir le sien propre, ou n'appartenant qu'à elle
seule. D'ailleurs, je ne suis pas de ceux qui pensent
qu'il faut ménager, flatter et caresser les vices du cœur
et ceux de l'esprit ; il y a trop de danger à leur laisser
prendre l'essor, à ne pas les humilier à chaque pas,

gouvernement contre le gré du légitime souverain et de ses autres sujets ; car « l'impulsion
de la nature porte tout homme à défendre ses
propres droits contre quiconque ose tenter
de les anéantir et détruire. » De là vient que
les droits de chacun des individus qui veulent
changer le gouvernement , n'étant pas moins
lésés par une pareille entreprise , que ceux
des membres du parti qui se refuse à toute
innovation , les premiers se créent par leurs
injustices , des réactions et de grandes résis-
tances , non-seulement dans le parti qui leur
est opposé , mais même aussi, dans leur propre parti , de la part de quasi chacun de ses
individus.

Que l'on ne s'étonne donc pas si dans
chaque révolution d'un état , les révolutionnaires s'y soudivisent en autant de factions
qu'ils comptent parmi eux d'ambitieux. C'est
là le premier châtiment que l'Auteur de la
nature inflige à leur injustice, à leur iniquité.
La Providence ne permet pas que nos ini-
quités restent éternellement impunies. Aussi
a-t-elle, comme pour nous en avertir, attaché
à chaque nature d'injustice et de méfait, un
degré d'amertumes suffisant pour nous faire

connaître à propos, tous les risques que nous courons à ne pas nous en abstenir ; et malheur ; oui, malheur à qui ne sait, ou ne veut pas faire son profit d'un semblable avertissement !

————————

Je termine ici ces extraits d'un ouvrage, où je discutai de cette même manière, en 1796, un très-grand nombre d'autres questions relatives au droit naturel et au droit politique, ou des conventions générales entre hommes. Veuillez maintenant me permettre, Mes chers et bien-aimés Co-sujets, de vous prier de retracer dans votre souvenir le vrai tableau de tout ce qui s'est passé de plus essentiel en France depuis 1789, et d'y faire, chacun en votre particulier, une juste application des principes certains et incontestables que vous venez de lire. — Oui, me direz-vous, peut-être : mais qu'en faudr-at-il conclure ?

— Ce qu'il en faudra conclure !.... Il ne nous sera pas bien difficile de l'apercevoir, si nous voulons constamment être francs, sincères, loyaux, justes ; si nous voulons constamment vivre honnêtement, ne jamais léser les droits de personne, toujours rendre

et laisser à chacun le sien, ne faire à qui
que ce soit les choses que nous serions fâchés
que d'autres nous fissent à nous-mêmes, en
user au contraire envers tout autre homme,
comme nous voudrions qu'il en usât envers
nous, dans le cas où il serait à notre place
et nous à la sienne ; en un mot, si nous
voulions constamment nous acquitter avec
exactitude de nos devoirs envers autrui, et
ne jamais perdre de vue, d'un côté, que les
droits attachés au sang d'une famille ne peuvent être détruits par le fait d'autrui ; c'est-
à-dire, par le fait des personnes étrangères à
cette même famille ; d'un autre côté, que
rien de ce qui appartient à quelqu'un ne peut
être transféré à d'autres personnes que par
le seul fait du légitime propriétaire, et qu'en
conséquence chaque chose réclame toujours
son vrai maître.

Portons d'ailleurs nos regards sur nos égli-
ses et sur nos cimetières. C'est là que les
cendres de nos pères reposent et attendent
les nôtres. Mais pour ne pas trop embrasser
à la fois, n'y consultons seulement que celles
qu'on y a déposées depuis l'an 1600 Voyons-
les s'y ranimer, pour nous crier du fond de

leurs tombeaux : Êtes-vous vraiment Français ?
Voulez-vous que nous vous croyions dignes
d'être issus de notre sang ? Désirez-vous que
nous le reconnaissions en vous ? En ce cas,
marchez sur nos traces ; pensez avec nous
que l'iniquité bannit, exile le véritable honneur de tous les cœurs dont elle s'empare ;
que tout homme injuste est un homme sans
honneur, et que quiconque lèse volontairement les droits d'autrui, sur-tout les droits
sacrés de son légitime souverain, est par cela
seul un homme injuste qui ne mérite que le
mépris universel et les peines du crime :
n'oubliez pas que jamais nous ne voulûmes
reconnaître d'autre souverain que le chef des
descendans par mâles de S. Louis, de Philippe-
Auguste et des Hugues de France. Croyez
qu'en cela nous ne fîmes que notre devoir :
croyez que ce qui fut un devoir pour nous,
lorsque nous existions sur la terre, l'est encore pour vous ; parce que c'est le devoir de
tout honnête homme d'accomplir fidèlement
toutes les obligations contractées, en son nom
et pour son grand avantage, par ses aïeux.

De toutes les obligations ainsi contractées
par les aïeux, il n'en est pas de plus respec-

tables pour toute leur postérité, que celles qu'ils contractèrent chacun pour soi-même et pour ses descendans à perpétuité , dans leur pacte social. Nos ancêtres nous transmirent le leur de génération en génération , avec charge de le transmettre à notre tour à nos descendans , et nous nous sommes très-scrupuleusement acquittés de cette obligation, parce que nous l'avons regardée comme le plus précieux des biens que nous pussions transmettre à tout le reste de leur postérité.

Vous l'avez reçu de nous tel qu'il nous était parvenu de nos prédécesseurs immédiats ; mais ce n'est pas pour vous uniquement que nous l'avions religieusement conservé. En vous le transmettant, nous vous avons chargés de le transmettre, après vous, à vos descendans , parce qu'étant eux aussi la postérité de nos aïeux, il n'est pas moins leur propriété qu'il n'a été la nôtre. Pourquoi donc la laisseriez-vous périr entre vos mains cette inappréciable propriété commune à toute la postérité des premiers fondateurs de votre société civile ? Ah ! craignez que vos propres enfans et vos arrière-neveux ne vous en fassent un jour un crime ; craignez que lorsqu'à votre tour vous serez descendus dans la tombe où nous sommes, ils n'y viennent troubler vos cendres, pour vous accuser de leur avoir ravi les avantages que vos ancêtres vous avaient chargés de leur conserver et transmettre ; craignez qu'ils ne vous reprochent de vous être iniquement établis juges entr'eux et vos aïeux. Mais quoi !....... non ; il ne saurait être possible que toute une génération d'hommes s'aveugle et se pervertisse au point de se croire compétente pour juger que leurs descendans devront plus respecter ce qu'elle aura fait, que tout ce que firent tous ses propres aïeux d'une foule de générations successives : non, Français, vous ne le croyez pas ; il est impossible qu'une aussi ridicule pensée soit entrée dans vos esprits. Vous êtes au contraire intérieurement convaincus que vos descendans useront à votre égard de la même mesure dont vous vous serez servis à l'égard de vos pères et de vos aïeux. Accomplissez donc toutes vos obligations de leur contrat social, si vous voulez qu'à leur tour, vos propres enfans remplissent les obligations que vous vous proposeriez en votre particulier de leur imposer. Que chacun de vous fasse comme nous fîmes de notre vivant ; qu'il remplisse, comme nous l'avons fait, toutes ses obligations du contrat social qui protégea son enfance et lui conserva notre héritage. « Ce n'est que dans cet acte, que dans les antiques lois fondamentales de l'état dont vous héritâtes de nous, que vous apprendrez tous à qui vous devez obéissance, et à qui vous n'en devez absolument aucune. Ce même contrat de vos aïeux, ces mêmes lois fondamentales de votre état politique, ces lois créatrices de votre unique vraie patrie, vous apprendront aussi que si elles ont placé chacun de vous dans la dépendance du chef actuel de la maison de Bourbon, elles lui laissent en même temps toute son indépendance primitive et naturelle relativement à tout le reste des hommes, des Français et du genre humain ; ce qui n'a rien que d'infiniment avantageux pour lui. Que chacun de vous obéisse donc fidèlement et loyalement au seul Louis XVIII, et qu'il oppose aux audacieux commandemens de toute autre personne, une force d'inertie insurmontable et invincible. »

Français ! voilà l'avis de nos pères, C'est

ainsi qu'ils pensèrent toute leur vie. C'est
ainsi qu'ils pensent encore dans le sein de
l'Éternel. Dédaignerions-nous leurs sentimens,
quoique ce soit eux qui nous ont appris tout
ce que nous savons de juste et de vrai ? Oui,
je vous le répète, nous ne savons rien de
juste, rien de vrai, qu'ils ne l'aient su avant
nous, et qu'ils ne nous aient appris et enseigné.

Je vous avouerai néanmoins, que ce n'est
point nos pères, nos aïeux, qui nous ont dit
que la souveraineté appartient à la nation, et
cela fait leur éloge, parce qu'au fond, cette
idée est entièrement fausse. L'une des preuves
de son extrême fausseté est précisément cette
même particularité, qu'aucune des générations qui nous ont précédés dans le monde,
ne nous l'a jamais dit, ni ne l'a jamais cru.
Mais pourquoi ce silence de toutes ces générations, si ce n'est pas uniquement parce
qu'aucune d'elles n'ignora que les premiers
fondateurs de leur société civile n'ayant
voulu aliéner chacun, qu'à la personne d'un
monarque, les deux droits naturels de tout
individu, dont l'aliénation individuelle produit
seule toute l'essence de la puissance souve-

raine, il était impossible que cette puissance appartînt à toute autre personne que celle à qui cette aliénation avait été réellement faite, ou est censée avoir été réellement faite, par les individus qui fondèrent et établirent notre société civile.

Ce ne sont pas non plus nos aïeux qui nous ont enseigné plusieurs autres nouveautés qu'on nous débite depuis un assez petit nombre d'années, sans nous jamais fournir aucune preuve de leur vérité, même sans envisager combien il est facile de prouver qu'elles ne sont en soi que des faussetés et des impostures.

Mais en revanche, nos aïeux nous ont enseigné que chez nous, chaque loi doit nécessairement être comme un nouveau contrat entre le souverain et chacun de ses sujets, par la raison que l'une des principales lois fondamentales dont se composa le contrat social de nos ancêtres et de toute leur postérité, porte en termes exprès : LA LOI SE FAIT PAR L'ORDONNANCE DU ROI ET LE CONSENTEMENT DE TOUS LES SUJETS. Certes, nulle part rien ne saurait être plus avantageux et plus utile à chaque sujet, que cette nécessité de son consentement à chacune des règles

obligatoires de sa conduite ; car, quoi de plus
doux et de plus utile pour un homme, que
de n'être tenu que des seules choses auxquelles il s'est volontairement et librement
obligé par lui-même, ou par quelqu'un qui
avait vraiment qualité pour stipuler et contracter en son nom ? Or, je le demande maintenant à chacuu de vous, Mes chers et bien-
aimés Co-sujets, trouverait-il un aussi grand
avantage dans quelqu'une des prétendues nouvelles constitutions, dont les révolutionnaires
nous parlent avec tant d'orgueil et de fracas ?
— Hélas ! non. — Votre plus grand intérêt,
le plus grand intérêt de tous les Français est
donc de leur préférer les anciennes lois fondamentales de notre antique monarchie. Elles
sont empreintes du sceau de l'expérience
d'une foule de siècles ; elles furent revêtues
de l'assentiment universel de nos aïeux ; elles
sont vraiment l'ouvrage de toute une génération de Français, qu'aucun de leurs descendans n'en avait encore désavoués. En pour-
riez-vous dire autant des nouvelles prétendues
constitutions ?

Il s'en faut tout, qu'elles soient l'ouvrage
de la nation. Que sont en effet leurs auteurs ?

Celle de 1791 fut faite par des hommes que les bailliages , ou sénéchaussées du royaume avaient députés aux états généraux convoqués en 1789.

Dans le droit , chacun de ces députés n'était , ne pouvait et ne devait être dans l'assemblée de ces états, que le simple procureur fondé de la seule section des habitans de son bailliage , ou sénéchaussée , laquelle l'avait spécialement muni de sa procuration particulière ; il n'y devait représenter que les seuls individus qui l'y avaient personnellement député ; il n'avait le droit que d'y parler en leur nom , de leur part et dans le sens du mandat dont ils l'avaient expressément chargé. Mais au lieu de cela , sans y être autorisés par aucune des lois préexistantes , sans que personne au monde leur en eût délégué le pouvoir, tous ces mandataires, tous ces procureurs fondés d'un certain nombre de sujets , mirent leurs mandats sous les pieds, et se déclarèrent , par leur unique propre fait , de leur seule autorité privée , chacun le représentant de toute la nation, et tous ensemble les maîtres absolus de la nation entière , ses despotiques législateurs.

C'est

C'est ainsi que nos procureurs fondés se firent eux-mêmes les maîtres absolus de leurs commettans, et que leurs commettans devinrent les esclaves de leurs mandataires, en dépit de toutes les notions du sens commun le plus simple, qui décident qu'au contraire tout procureur fondé, tout simple mandataire est nécessairement subordonné à ses commettans, et doit toujours soumettre à leur approbation et ratification tout ce qu'il fait en leur nom et de leur part.

Oublier ce principe, c'était vous faire un sanglant outrage ; c'était vous léser dans l'un des plus précieux de vos droits ; c'était vous dépouiller du privilége que vos pères vous avaient acquis dans leur pacte social, de n'être tenu d'aucune des règles obligatoires de conduite, ou lois, que vous n'auriez pas consenties par vous-mêmes, ou par quelqu'un ayant vraiment qualité pour contracter et consentir en votre nom. Et cependant jusqu'ici vous ne paraissez avoir rien fait pour remédier efficacement à ce révoltant renversement de l'ordre, à ce honteux oubli des vœux de l'équité ; car toutes les assemblées qui ont succédé à celle qui se gratifia elle-

K

même du titre insolite d'assemblée consti-
tuante , ont constamment marché sur ses
traces. De plus , vous ne pouvez même plus
dire que les membres de ces assemblées sont
chacun le procureur fondé d'un département.
Ils ne sont en effet députés que par des colléges électoraux, qui ne sont ni leur département , ni les mandataires des habitans du
département , et qui , ne pouvant délibérer sur
aucun de vos intérêts , ne sauraient donner
procuration à personne pour consentir en votre
nom les nouvelles lois.

Aucune de ces nouvelles lois n'est donc
revêtue de votre consentement personnel.
Elle n'est donc point, à votre égard, un contrat par lequel vous vous êtes volontairement
et librement obligés à leur exécution. Enfin ,
toutes ces nouvelles lois ne sont donc que
les actes du despotisme que les assemblées
exercent véritablement sur toute la nation.
Telle n'est pourtant pas votre intention, et si
votre silence semble dire que vous ne vous
en apercevez pas , ce ne saurait être que
parce que vous êtes dans l'erreur , ou parce
que vous cédez à la contrainte , à la force du
joug de la nécessité. Mais ce sont des maxi-

mes de l'équité naturelle, que ceux qui sont dans l'erreur ne paraissent pas consentir ; que ceux qui font ce qu'ils n'ont pas le droit de faire ne font rien de valide, et que ce qu'on n'a reçu qu'à cause de la nécessité ne tire point à conséquence. Vous avez donc le droit de revenir, quand vous le voudrez, contre tout ce qu'on a fait indûment, ou sans un véritable droit à le faire, et le moment en est maintenant venu. Or l'unique moyen d'en profiter avec fruit, est de ne vouloir plus d'autre souverain que Louis XVIII ; d'autre pacte social que celui fait par nos pères, mais tel qu'il est constaté dans les seules lois fondamentales de notre antique monarchie, et de demander que les députés aux assemblées où les nouvelles lois seront consenties au nom des sujets, ne soient jamais que les simples mandataires, ou procureurs fondés des habitans du département qui les aura nommés, n'y puissent représenter que les seuls commettans qui auront confié leurs pouvoirs à chacun de ces mandataires, et n'y puissent agir que dans le vrai sens de leurs mandats, à peine d'être punis de chacune de leurs prévarications.

K 2

Que d'adversités n'aurions-nous pas évitées, si ces principes n'eussent jamais été méconnus ! Oublions cependant les maux passés, mais efforçons-nous d'y remédier efficacement pour l'avenir, de tarir autant que nous le pourrons la source des injustices. C'est le devoir de tout honnête homme. *A chacun le sien :* voilà sa maxime. Elle ne peut déplaire qu'à des voleurs et à des brigands : eux seuls peuvent songer à la contrarier dans ses effets.

Post scriptum.

De tout temps ce fut chez les rhéteurs et chez la plupart des orateurs, un vice dont ils n'ont jamais voulu se corriger, de tout prêter au vain son des mots, et de ne s'occuper nullement des choses elles-mêmes. Ce devrait cependant être le contraire : toute notre attention est due aux choses, puisque les mots ne sont destinés qu'à la diriger vers elles. C'est un principe constant, et nous ne saurions le mettre à l'écart, sans nous exposer à devenir les tristes jouets de toutes les espèces de charlatans qui voudront nous tromper. A quelle époque l'aurait-on mieux éprouvé que de nos jours ?

Qui ne croirait, en effet, en lisant ou en écoutant les judicieux génies, qui nous assiégent de partout comme autant de places fortes qu'il faut tenir très-étroitement bloquées; qui ne croirait, à les entendre presque tous, qu'ils se sont fait un vrai point d'honneur d'abuser du langage à l'envi les uns des autres ? On pourrait former un gros *in-folio* de tous les abus de mots qu'ils se sont permis, et qui servent d'unique base à tous leurs longs et perfides raisonnemens. Mais je me borne en ce moment à n'en relever qu'un seul, et je ne vous signale, sous ce point de vue, que l'expression *gouvernement représentatif.*

Quelle est en soi la chose que ses inventeurs et l'énorme multitude de leurs judicieux échos, ont prétendu nous désigner par cette dénomination composée ? J'ai peine à croire qu'ils le sachent eux-mêmes, et qu'ils l'aient bien entendue.

Si tous les vaniteux qui ne l'ont adoptée que par goût de nouveauté, ou par bel air, veulent bien se rappeler leur rudiment, ils accorderont sans doute, 1.º que tout adjectif qui accompagne un substantif, n'exprime qu'une simple qualité de la chose désignée par ce substantif; 2.º que le mot *représentatif* ne peut signifier que *susceptible d'être représenté*, ou *qui représente*.

Dès-lors l'expression *gouvernement représentatif* a un double sens, puisqu'elle peut également signifier gouvernement *susceptible d'être représenté*, et *gouvernement qui représente*. Voilà deux choses différentes. Quelle est celle des deux dont tous les brillans esprits du jour veulent nous parler? Il serait juste qu'ils l'expliquassent avec franchise.

Si c'était la première; il faudrait leur répondre qu'en ce sens, tous les gouvernemens imaginables sont représentatifs, puisque pour être représenté, il suffit de donner à quelqu'un sa procuration pour cela. Or il n'est pas de gouvernement qui ne puisse donner et qui ne donne quelquefois, même trèssouvent, une semblable procuration; témoin les ambassadeurs que tout souverain quelconque envoie chez les autres puissances.

Si c'était la seconde; il nous resterait encore d'autres équivoques à éclaircir; car, en premier lieu, que signifie, dans l'expression dont il s'agit, le terme *gouvernement*?

Ordinairement on s'en sert pour désigner plusieurs choses très-essentiellement différentes chacune de chacune des autres ; mais supposons que l'on ne doive entendre par le gouvernement que 1.º la personne ayant droit de gouverner, 2.º les personnes devant être gouvernées, cela donnera ces deux significations à l'expression *gouvernement représentatif*, envisagée dans le dernier des deux sens ci-dessus ,

1.º La personne ayant droit de gouverner qui représente ,

2.º Les personnes devant être gouvernées qui représentent ;

Mais il reste ensuite à savoir quelle est celle de ces deux significations qu'ont en vue les grands génies qui nous parlent d'un *gouvernement représentatif.*

En second lieu , quelle des deux qu'il leur plaise d'adopter, on doit encore leur demander : quoi ? car *qui représente* est une expression défectueuse, toutes les fois qu'elle n'est pas suivie du nom de l'objet représenté.

Il serait donc encore nécessaire , pour achever de détruire l'ambiguité des mots *gouvernement représentatif,* que l'on nous donnât

la solution de cette question : « Qu'est-ce
que représente le gouvernement pris , soit
pour la personne ayant droit de gouverner ,
soit pour les personnes devant être gouvernées ? »

On y peut faire plusieurs réponses bonnes ,
ou mauvaises; mais afin de simplifier la chose
et pour la rendre plus intelligible , rappelons-
nous maintenant , que partout le souverain
est la seule personne qui ait le droit de gouverner , et que partout ce ne sont que les
sujets qui doivent être gouvernés.

Au moyen de cette précaution , ma dernière demande se réduira à celle-ci : Qui
faut-il que, soit le souverain, soit les sujets ,
représentent , pour qu'on ait , aux yeux de
nos ingénieux et judicieux novateurs , la
chose qu'ils appellent *un gouvernement représentatif* ?

S'ils répondaient : « Il faut que le souverain
représente les sujets » ; je prendrais la liberté
de leur dire , qu'en ce sens, tous les gouvernemens de ce monde sont un gouvernement
représentatif, parce qu'en aliénant à un souverain quelconque son droit naturel d'indépendance, et celui d'être soi-même le seul

légitime juge de ses propres causes , chaque
sujet a chargé son souverain d'exercer équi-
tablement ces deux droits en son nom , dans
tous les cas où , sous le pur état de nature ,
il aurait eu le droit de les exercer par lui-
même : d'où il suit qu'en s'acquittant de cette
obligation, tout souverain exerce le pouvoir
que lui avait transmis celui de ses sujets qui
avait reçu l'offense qu'il réprime , venge et
punit , et que par conséquent il représente
alors la personne des sujets offensés.

S'ils répondaient qu'il faut que le souverain
représente le corps démocratique , je me per-
mettrais de leur dire , qu'il n'est pas moins
sensé d'affirmer que ce corps est parfaitement
représenté par un monarque , que de le fein-
dre représenté par une assemblée se disant
une convention nationale , ou par deux con-
seils appelés, l'un celui des anciens, et l'autre
celui des cinq cents ; car il n'est pas plus
difficile à un seul homme qu'à mille de représenter, si l'on veut, un milliard d'individus.

Si les novateurs répondaient : Il faut que
les sujets représentent le souverain ; je leur
dirais qu'il faudrait donc , selon eux, que ce
fussent les sujets qui gouvernassent , ou pour

mieux dire, qu'il faudrait que les sujets n'eussent d'autre souverain qu'eux-mêmes. Mais alors qui gouverneraient-ils ? — Personne. — En semblable hypothèse, il n'y aurait point de gouvernement. Dirait-on, pour éluder cette conséquence, que les sujets se gouverneraient eux-mêmes ? Ce serait une absurdité, parce que des hommes qui se gouvernent eux-mêmes ne sont point en société civile; ils ne forment point un gouvernement, puisqu'il ne saurait en exister qu'où il existe des hommes gouvernés par autrui ; ils vivent sous le pur état de nature ; c'est-à-dire, dans cette manière d'être chacun relativement aux autres, qui précéda tout établissement de société civile, tout contrat social.

Si nos novateurs répondaient enfin : pour qu'à nos yeux le gouvernement soit représentatif, il faut que le droit de gouverner les sujets appartienne en commun à un souverain composé de ces trois élémens, un roi, une chambre des pairs, et une chambre des députés. — Fort bien : à merveille, leur dirais-je. Je conçois que ce partage de la puissance souveraine flatterait votre orgueil, votre vanité, votre ambition, votre cupidité. Mais d'abord, cette forme de gouvernement est ce que l'on appelle et ce que l'on doit nommer, UN GOUVERNEMENT MIXTE. On ne peut lui ôter ce nom, qui lui convient parfaitement, pour lui donner celui de *gouvernement représentatif* qui ne lui convient pas, qu'on n'invente que par imposture, ou par esprit de fausseté, et qui d'ailleurs n'est en soi qu'un assez ridicule et très-inutile néologisme.

Mais ensuite, cette tripartition de la puissance souveraine entre un roi, une chambre des pairs et une chambre des députés, de quelle utilité pourrait-elle être pour chacun des sujets qui ne serait membre de nulle de ces deux chambres ?

Français ! voilà une grande et bien importante question. Chacun de vous se doit à lui-même, et à tous ses propres descendans, de l'approfondir avec soin. Or, si vous y procédez convenablement, il n'est aucun de vous qui ne soit de toute nécessité conduit à conclure que tous nos novateurs sont de perfides égoïstes qui ne cherchent qu'à s'agrandir à vos dépens, à votre détriment ; qu'ils vous ont continuellement trompés ; qu'ils vous ont égarés, et qu'ils abusent encore de votre trop aveugle confiance pour vous perpétuer dans l'erreur, et vous plonger dans toute sorte d'adversités.

En effet, la puissance souveraine étant indivisible dans son essence , sa tripartition entre trois élémens distincts, doit de toute nécessité conduire à l'un de ces deux résultats :

Ou ses trois co-partageans seront en désaccord , et alors l'état sera continuellement exposé aux plus sanglans déchiremens ,

Ou pour éviter cet inconvénient, deux des trois vendront et feront payer au troisième leur complaisance à seconder ses volontés , ainsi que vous l'avez si souvent vu faire sous le règne de Bonaparte , et ce sera toujours à vos dépens que cette transaction s'effectuera.

D'ailleurs , de quelque manière que la chance tourne , un gouvernement composé d'un roi, d'une chambre des pairs et d'une chambre des députés, qui exerceraient en commun la puissance souveraine , peut être tout aussi despotique que celui de la Turquie. Ce serait s'abuser bien étrangement, que de se figurer le contraire ; car, dans la réalité des faits, toute forme de gouvernement est également susceptible de despotisme, parce que le despotisme existe partout où ceux qui gouvernent ont le droit de faire et défaire les lois quand ils le veulent, et selon qu'ils le veulent ; parce que le vrai despotisme existe dans tous les états où la loi ne doit point être un contrat formel entre le souverain qui ordonne son exécution, et les sujets qui s'y obligent explicitement et librement, et où de plus, il est loisible de ramener impunément à exécution des lois qui ne furent jamais revêtues de l'exprès consentement des sujets. Voilà ce que nos ancêtres savaient parfaitement, et ce qu'ils voulurent éviter, lorsque dans leur pacte social, ils stipulèrent à titre de loi fondamentale et perpétuellement inamovible, que la loi ne pût se faire que par l'ordonnance du roi et le consentement des sujets.

Français ! voulez-vous sincèrement bannir à jamais le despotisme de votre pays ? Proscrivez les fausses idées et les faux systèmes que de forcenés novateurs ne s'efforcent depuis vingt-cinq ans de vous inculquer, qu'afin de pouvoir plus aisément vous tyranniser. Proscrivez-les ces faux systèmes, et tenez-vous fortement attachés à cette ancienne loi fondamentale et inamovible de notre antique monarchie. Il ne vous faut de plus qu'une loi pénale contre tout officier du prince qui se permettrait d'agir, dans les fonctions dont il est spécialement chargé, d'après quelque loi qui n'aurait jamais été consentie par les sujets. Or, on n'a nul besoin pour la parfaite exécution, et pour obtenir les salutaires effets de deux semblables lois, ni d'une chambre de pairs héréditaires, ni d'une chambre de députés, qui partageraient la puissance souveraine avec un roi.

Votre unique intérêt à tous est que nulle loi ne puisse être impunément ramenée à exécution, avant d'avoir été librement et volontairement consentie par les sujets, et que le consentement des sujets, nécessaire à chaque nouvelle loi pour la leur rendre vraiment obligatoire, ne puisse être donné que par l'assemblée des procureurs fondés de tous les départemens ; c'est-à-dire, par une assemblée dans laquelle tous les habitans de chaque département seraient représentés par un nombre déterminé de députés, auxquels ils auraient spécialement donné procuration et pouvoir

de délibérer avec ceux des autres départemens sur la question de savoir , touchant
chacun des projets de nouvelle loi qui leur
seraient présentés , s'il est juste , avantageux
et nécessaire que les sujets le consentent ; et
en ce cas , de contracter, en leur nom , l'o-
bligation de l'exécuter ; et dans le cas contraire , de lui refuser leur consentement.

Français ! gagnez ce point essentiel et ca-
pital , faites-vous remettre en possession de
cet inestimable privilége de vos aïeux , et vous
aurez ensuite tout lieu de vous applaudir d'a-
voir déjoué l'orgueilleuse ambition de tous
les fourbes qui ne vous parlent d'*un gouvernement représentatif,* qu'afin de conserver sur
vous une supériorité, une prédomination qu'ils
avaient usurpée ; mais qui, sous nul rapport,
ne doit jamais appartenir à de simples procureurs fondés sur leurs commettans, et encore moins sur leur seul et unique souverain
légitime. Encore une fois donc , rappelez-
vous et n'oubliez jamais , que vous êtes les
commettans et par conséquent les vrais supérieurs des députés aux assemblées prétendues
nationales ; rappelez-vous , que chacun de
ces députés n'y est qu'un simple procureur

fondé , qu'un agent des seuls individus qui l'ont expressément investi de son mandat.

Vos procureurs fondés n'ont aucun droit de vous donner des ordres ; ils ne doivent point vous gouverner, puiqu'ils sont tous sans légitime autorité sur vous ; ils vous doivent de s'acquitter avec exactitude et fidélité de tout ce dont vous les avez expressément chargés ; ils vous sont garans et responsables de tout ce qu'ils se permettraient au delà. Vous avez le droit certain de vous pourvoir par-devant votre légitime souverain , pour les faire punir des prévarications et des infidé-lités dont ils se seraient vraiment rendus coupables à votre égard. Ne tolérez donc pas que cet ordre soit interverti. Ne souffrez plus sur-tout, qu'ils agissent envers vous comme s'ils étaient réellement vos maîtres ; qu'ils vous parlent et vous traitent comme si vous étiez leurs esclaves , ou une propriété dont ils ont droit de disposer suivant leur bon plaisir. Fussent-ils même (ce qui n'est très-certainement pas), une portion intégrante de votre souverain , ce serait encore pour vous une ignominie , de continuer à tolérer tout ce que vous avez souffert de leur part depuis

vingt-cinq ans, parce que tout légitime souverain a contracté envers chacun de ses sujets,
dans le pacte social, l'obligation de lui rendre
lui-même et de lui faire toujours rendre par
autrui, tout ce qui lui est réellement dû ; en
un mot, de respecter et faire perpétuellement
respecter par tous, l'universalité de ses légitimes droits.

F I N.